이제
영어 못하는 건
지겨워 기초 영어 스타트 프랙티스

이제 영어 못하는 건 지겨워
기초 영어 스타트 프랙티스

저 자 김나래 / **그림** 원자영
발행인 고본화
발 행 반석출판사
2025년 3월 20일 초판 1쇄 인쇄
2025년 3월 25일 초판 1쇄 발행
홈페이지 www.bansok.co.kr
이메일 bansok@bansok.co.kr
블로그 blog.naver.com/bansokbooks

07547 서울시 강서구 양천로 583. B동 1007호
     (서울시 강서구 염창동 240-21번지 우림블루나인 비즈니스센터 B동 1007호)
대표전화 02) 2093-3399 **팩 스** 02) 2093-3393
출 판 부 02) 2093-3395 **영업부** 02) 2093-3396
등록번호 제315-2008-000033호

ISBN 978-89-7172-108-7 (13740)

이제
영어 못하는 건
지겨워 기초 영어 스타트 프랙티스

반석출판사

◎ 머리말 ◎

안녕하세요, 독자 여러분.

이 교재를 통해 여러분과 함께 영어를 학습할 수 있어 매우 기쁩니다. 영어는 이제 우리 일상에서 빼놓을 수 없는 중요한 도구가 되었습니다. 그러나 처음 시작하는 분들께는 그 길이 막막하고 어렵게 느껴질 수 있습니다.

저는 10년 넘게 초등학생부터 성인까지 다양한 연령대의 학생들에게 영어를 가르쳐 왔습니다. 이 경험을 통해 저는 학습자들의 어려움을 깊이 이해하게 되었고, 어려운 부분을 최대한 쉽게 설명하려는 노력을 기울여 왔습니다. 많은 분들이 저와 함께 공부한 후 영어에 자신감을 갖게 되었고, 실제로 영어로 소통하는 능력을 크게 향상시켰다는 후기를 많이 받았습니다. 이러한 경험을 바탕으로, 저의 노하우를 더 많은 사람들과 나누고자 하는 마음으로 이 교재를 집필하게 되었습니다. 그래서 독자분들이 보다 쉽게, 그리고 효과적으로 영어를 배울 수 있도록 나선형 학습방법을 적용한 교재를 준비했습니다.

나선형 학습방법은 기초적인 개념을 먼저 배우고, 이를 반복하면서 점차 심화된 내용을 학습하는 방식입니다. 처음에는 간단한 표현과 문법을 배우고, 이를 바탕으로 차츰 더 복잡한 문장과 구조로 나아가게 됩니다. 이렇게 하면 배운 내용을 잊지 않고 자연스럽게 익힐 수 있으며, 새로운 내용을 접할 때마다 이전에 배운 것들이 든든한 기초가 되어 줄 것입니다.

이 교재는 실생활에서 바로 사용할 수 있는 실용적인 영어 표현과 예문으로 구성되어 있습니다. 각 단원마다 다양한 연습 문제와 복습 코너를 마련해 학습한 내용을 확실히 다질 수 있도록 했습니다. 또한, 실제 대화 상황을 통해 영어를 자연스럽게 사용할 수 있도록 도와줍니다.

영어를 배우는 과정은 단순히 언어를 익히는 것을 넘어 새로운 세계를 만나는 기회입니다. 여러분이 이 교재를 통해 영어를 배우며 자신감을 얻고, 새로운 도전과 기회를 맞이할 수 있기를 바랍니다. 영어 학습의 길에 들어선 여러분을 진심으로 응원하며, 이 교재가 든든한 동반자가 되기를 바랍니다.

이제 첫 장을 넘겨, 영어 학습의 새로운 장을 시작해 봅시다. 여러분의 노력과 열정이 결실을 맺는 그 날까지, 이.영.지는 언제나 여러분과 함께할 것입니다.

감사합니다.

저자 김나래

◎ 이 책의 특징 ◎

본 책은 총 15개의 CHAPTER로 구성되어 있으며, 각 CHAPTER는 해당 주제에 관한 문법설명, 단어제시, 문장연습 등으로 나뉘어져 있습니다. 또한, 4-7개의 CHAPTER 학습이 끝나면, SPIRAL REVIEW를 통해 나선형 학습이 가능하도록 구성되어 있습니다. 이를 통해 독자분들은 중요한 개념을 반복하여 학습하고, 이해도를 깊게 만들 수 있습니다. 마지막으로, 책의 끝에서는 대화연습을 통해 학습했던 내용들을 실생활 상황과 뉘앙스에 맞추어 다시 한 번 반복하며, 이전 학습 내용을 정리하고 다음 학습 단계로 나아가도록 도와줍니다.

문법설명

본 책의 핵심인 영어 문법을 쉽고 재미있게 이해할 수 있도록 구성하였습니다.

> 제가 8시에 친구에게 다시 전화를 걸었더니 이번에는 친구가 전화를 받았어요. 그래서 저는 "너 아까 뭐하고 있었어? 왜 전화 안 받은 거야?" 그랬더니 제 친구는 저에게 이렇게 말했어요.
>
> "I was taking a shower."(나 샤워 중이었어.)

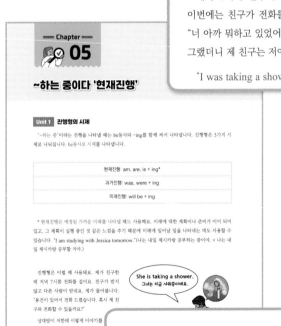

> 진행형은 이럴 때 사용돼요. 제가 친구한 테 저녁 7시쯤 전화를 걸어요. 친구가 받지 않고 다른 사람이 받네요. 제가 물어봅니다. "용건이 있어서 전화 드렸습니다. 혹시 제 친구와 전화할 수 있을까요?"
>
> 상대방이 저한테 이렇게 이야기를 했어요.
>
> "She is taking a shower."
> (그녀는 지금 샤워중이에요.)

> She is taking a shower.
> 그녀는 지금 샤워중이에요.

기초 영어를 학습하기 위해 반드시 알아야 하는 단어들로 구성되어 있습니다. 이러한 단어들은 자연스럽게 반복되어 익숙해지며, 독자들은 새로운 단어뿐만 아니라 이전에 학습한 단어들도 꾸준히 학습할 수 있습니다.

문장연습

독자들이 새로운 단어를 활용하여 영작을 할 수 있도록 도와줍니다. 강의를 들은 후 챕터의 내용이 이해가 되셨다면 연습문제를 풀어보세요. 이때 문제의 답안을 쓰지 마시고 직접 말을 내뱉으며 답안을 녹음을 해주세요. 녹음한 답변을 들으면서 답지를 보고 정답을 맞춰보세요. 틀린 부분이 있다면 다시 공부하고 녹음해 보세요. 이를 통해 이전 학습 내용과 새로운 내용을 연계하여 학습의 전반적인 이해도를 높일 수 있습니다. 문장을 만들 때 'Tips'를 통해 독자가 확장된 문장을 만들 수 있도록 하였습니다.

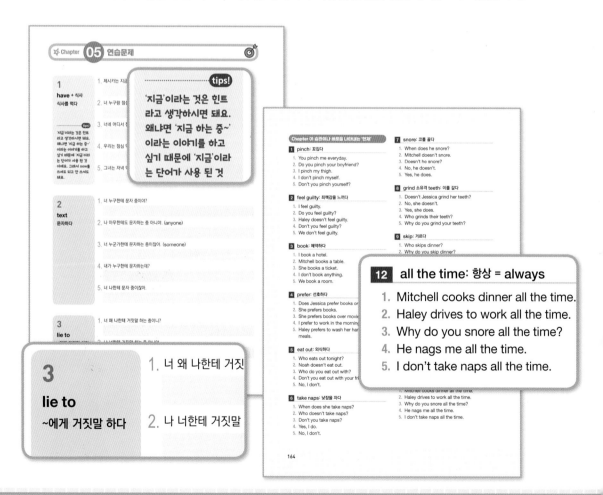

SPIRAL REVIEW

중요한 개념을 반복하여 학습하고, 나선형 학습을 통해 점진적으로 심화된 학습을 이어가도록 도와줍니다. 이를 통해 학습한 내용이 오래 기억에 남고, 이해가 더욱 깊어지도록 구성하였습니다.

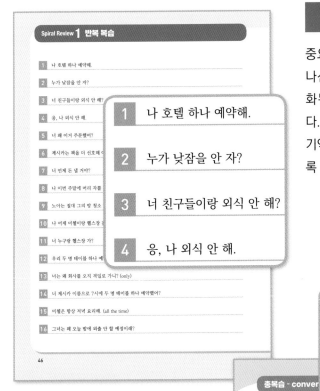

Spiral Review 1 반복 복습

1 나 호텔 하나 예약해.

2 누가 낮잠을 안 자?

3 너 친구들이랑 외식 안 해?

4 응, 나 외식 안 해.

5 너 왜 이거 주문했어?

6 제시카는 책을 더 선호해 이

7 너 언제 돈 낼 거야?

8 나 이번 주말에 머리 자를

9 노아는 절대 그의 방 청소

10 나 어제 미렐이랑 헬스장 フ

11 너 누구랑 헬스장 가?

12 우리 두 명 테이블 하나 예

13 너는 왜 회사를 오직 격일로 가니? (only)

14 너 제시카 이름으로 7시에 두 명 테이블 하나 예약했어?

15 미렐은 항상 저녁 요리해. (all the time)

16 그녀는 왜 오늘 밤에 외출 안 할 예정이래?

46

---

1 나 호텔 하나 예약해.

2 누가 낮잠을 안 자?

3 너 친구들이랑 외식 안 해?

4 응, 나 외식 안 해.

Unit 1

A 나는 네가 이것을 끝내길 원해.

B 오케이, 그거 지금 끝낼게. 너 무

A 나 커피 좀 마시고 싶어. 내 새로

B 좋은 생각이야. 너 좋은 카페 일

A 나 몰라. 그냥 근처에 그 카페로

대화연습

독자들이 학습한 내용을 실생활에 적용할 수 있도록 도와줍니다. 다양한 상황을 통해 학습 내용을 응용할 수 있도록 하며, 이를 통해 이전 학습을 정리하고 다음 학습으로 나아갈 수 있도록 돕습니다. 기억해 주세요! 우리는 영어 쓰기보다 말하기를 공부하는 중이라는 거. 손으로 쓰는 연습보다는 입으로 말하는 연습에 집중해 주세요!

총복습 - conver

 Unit 1

A 나는 네가 이것을 끝
B 오케이, 그거 지금 끝
A 나 커피 좀 마시고 싶
B 좋은 생각이야. 너 좋
A 나 몰라. 그냥 근처에 그 카페로 가자.
B 완벽해, 가자. 내가 낼게.

Unit 2

A 우리 곧 제시카를 만날 예정이야. 나는 네가 그녀의 말을 들어줬으면 해 이번에.
B 너 뭐에 대해서 말하는 중인거야?
A 너 몰랐어? 그녀는 그녀의 남자친구랑 헤어졌잖아. (break up with)
B 오, 오케이. 너 얼마나 오래 머물 예정이야?
A 모르겠어. 우리가 그녀와 밤을 새는 게 좋을까?
B 너 그녀가 시간이 좀 필요할지도
모른다고 생각하지 않아, 혼자서?
나는 우리가 너무 오래 머무는 게
좋다고 생각하지 않아. (too long)

140

◎ 목차 ◎

= Chapter =

01

습관이나 버릇을 나타내는 '현재'

Unit 1 일반 동사의 현재형

 일반 동사의 현재형은 주로 습관이나 버릇, 과학적인 사실, 취향, 스케줄에 나와있는 가까운 미래를 나타낼 때 사용합니다. 일반동사의 평서문은 주어 + 동사 + 목적어 순서로 만듭니다. 의문문을 만들 때는 문장 맨 앞에 Do 또는 Does를 넣어 만듭니다. 이때 주어에 따라 do와 does를 사용합니다. 1인 칭(I, we), 2인칭(you), 3인칭 복수(they)에는 do를, 3인칭 단수(he, she, it)에는 does를 사용합니다. 부정문은 주어 뒤에 don't 또는 doesn't를 사용합니다. 이때도 주어에 따라 don't와 doesn't를 맞춰서 사용합니다.

Unit 2 주어와 목적어가 같은 사람? -self '재귀대명사'

 주어와 목적어가 같은 인물을 나타낼 때는 -self 형태로 씁니다. 예를 들어 "I love me."는 틀린 문 장입니다. 주어와 목적어가 같은 사람이기 때문에 "I love myself."라고 써야 해요.

인칭	단수	복수
1인칭	Myself	Ourselves
2인칭	Yourself	Yourselves
3인칭	Himself Herself Itself	Themselves

반면 "She loves her."는 가능합니다. 이 문장은 주어인 she와 목적어인 her가 다른 사람일 때 사용됩니다. 예를 들어 "우리 엄마(she)는 언니(her)를 사랑해." 같은 경우입니다.

Unit 3   의문사 주어 의문문

주어가 없는 의문문, 즉 의문사가 주어인 의문문을 만들 때는 의문사를 3인칭 단수로 취급합니다. 예를 들어 "누가 외식하니?"라는 문장을 만들 때 이 문장에 주어가 없고 의문사가 주어인 문장이기 때문에 "Who eats out?" 이렇게 3인칭 단수 형태로 씁니다.

의문사가 주어일 때 소유격이 나오면 이때, "who"가 가리키는 사람이 남자인지 여자인지, 혹은 한 명인지 여러 명인지 모르기 때문에 성별과 수에 관계없이 쓸 수 있는 대명사가 필요해요. 그럴 때 쓰는 것이 바로 "their"입니다. 사실 "their"는 영어에서 점점 더 많이 사용되고 있는 표현 방식으로, 성별에 중립적인 표현을 할 때 유용합니다.

주인공이 있는 의문문에서 '누구랑'을 물어볼 때는 'with'을 문장 맨 끝에 넣어주셔야 해요. 쉬운 예를 들어볼게요. 예를 들어 "그녀는 그와 외식해."를 "She eats out with him."이라고 하고, 이를 의문문으로 만들면 "Does she eat out with him?"이 됩니다. 열린 질문을 만들려면 육하원칙을 문장 맨 앞에 넣으면 됩니다.

No.	Kor	Eng	그녀는 그와 외식해?
1	언제	When	
2	어디서	Where	
3	무엇을	What	does she eat out with him?
4	어떻게	How	
5	왜	Why	
6	누가	Who	

그런데 "누구랑 그녀는 외식해 그?" "Who does she eat out with him?"이라는 문장은 매우 어색해요. 그래서 문장을 어색하게 만드는 "그"를 지워주고 영어에서도 "그"에 해당하는 "him"을 지워주시면 "Who does she eat out with?"이 됩니다. 그래서 "누구랑~"을 물어보는 의문문에는 문장 맨 끝에 with을 넣어주셔야 해요. 이것은 어려운 말로 전치사의 목적어라고 합니다. 목적어 앞에 전치사가 반드시 나와야 되는 단어라면 의문사가 주어인 의문문을 만들 때는 반드시 전치사로 문장을 끝내야 합니다.

ex) 너는 누구랑 외식했니? Who did you eat out with? (eat out with)

너는 누구한테 이야기 하는 중이었어? Who were you talking to? (talk to)

그녀는 어디서 오니? Where did she come from? (come from)

부정의문문과 대답

　부정의문문을 만들 때는 반드시 줄인 형태로 만들어야 합니다. 대답할 때는 말하고 싶은 내용에 집중해야 해요. 예를 들어 "너 커피 좋아하지 않아?"라는 문장은 "Don't you like coffee?"입니다. 이에 대한 대답을 "응, 안 좋아해"라고 하려면 "I don't."이라고 말해야 하고, 대답의 초점이 부정적인 내용이라면 "No"로 시작해야 해요. 따라서 "No, I don't."이라고 대답하면 됩니다.

　반대로 "아니, 좋아해."라는 대답을 하고 싶다면 "I do."라고 말해야 하고, 이 경우 대답은 "Yes"로 시작해야 합니다. 그래서 "Yes, I do."라고 대답하면 됩니다.

빈도부사

빈도를 나타내는 부사들은 다양하게 있습니다.

　항상(always, all the time), 거의 매일(almost everyday), 격일로(every other day), 보통(usually), 종종(often), 때때로(sometimes), 드물게(rarely), 절대(never) 등이 있습니다. 이 단어들 중 rarely(드물게), never(절대)는 단어에 이미 부정의 의미가 포함되어 있기 때문에 절대절대 not과 함께 쓰이지 않습니다.

13

1

pinch
꼬집다

1. 너는 나를 매일 꼬집어.

2. 너는 너의 남자친구를 꼬집니?

3. 나는 나의 허벅지를 꼬집어. (thigh)

4. 나는 나를 꼬집지 않아.

5. 너는 너를 꼬집지 않니?

tips!
주어와 목적어가 같을 때는 목적어를 소유격 + -self 로 사용합니다.

2

feel guilty
죄책감을 느끼다

1. 나는 죄책감을 느껴.

2. 너는 죄책감을 느끼니?

3. 헤일리는 죄책감을 느끼지 않아.

4. 너희 죄책감을 느끼지 않니?

5. 우리는 죄책감을 느끼지 않아.

3

book
예약하다

1. 나는 호텔 하나를 예약해.

2. 미첼은 테이블 하나를 예약해.

3. 그녀는 티켓 하나를 예약해.

4. 나는 아무것도 예약하지 않아.

5. 우리는 방 하나를 예약해.

4
prefer
선호하다

1. 제시카는 책을 더 선호해 아니면 영화?

2. 그녀는 책을 선호해.

3. 그녀는 책을 선호해, 영화보다. (over)

4. 나는 아침에 일하는 것을 선호해. (to)

5. 헤일리는 밥 먹고 손 닦는 것을 선호해. (after meals)

tips!
책이나 영화를 선호한
다고 할 때는 일반적인
것을 이야기하기 때문
에 복수로 사용합니다.

5
eat out
외식하다

1. 누가 오늘 밤 외식하니?

2. 노아는 외식하지 않아.

3. 너 누구랑 외식해?

4. 너 친구들이랑 외식 안 해?

5. 응, 나 외식 안 해.

6

take naps
낮잠을 자다

1. 그녀는 언제 낮잠 자?

2. 누가 낮잠을 안 자?

3. 너 낮잠 안 자?

4. 아니, 나 자.

5. 응, 안 자.

7

snore
코를 골다

1. 그는 언제 코를 골아?

2. 미첼은 코를 안 골아.

3. 그는 코를 안 골아?

4. 응, 그는 코를 안 골아.

5. 아니, 그는 코를 골아.

8

grind 소유격
teeth
이를 갈다

1. 제시카는 이를 안 갈아?

2. 응, 그녀는 이를 안 갈아.

3. 아니, 그녀는 이를 갈아.

16

4. 누가 이를 갈아?

tips!

주인공이 '누가'일 때는
their로 소유격을 사용
합니다.

5. 너 왜 이를 갈아?

9
skip
거르다

1. 누가 저녁을 거르니?

2. 너 왜 저녁을 걸러?

3. 나 저녁 안 걸러.

4. 그녀가 언제 저녁을 걸러?

5. 노아는 저녁을 걸러.

10
hit the gym
헬스장에 가다

1. 그는 언제 헬스장에 가?

2. 너 누구랑 헬스장에 가?

3. 나는 제시카랑 헬스장에 가.

4. 누가 헬스장에 아침에 가니?

5. 왜 너는 헬스장에 매일 가?

11

nag
잔소리 하다

1. 나 너한테 잔소리하지 않아.

2. 그가 너한테 잔소리하지 않아?

3. 왜 너는 그녀에게 잔소리해?

4. 나 그녀한테 잔소리 안 해.

5. 그녀가 너한테 잔소리해?

12

all the time
항상
= always

1. 미첼은 항상 저녁을 요리해.

2. 헤일리는 항상 직장에 운전해서 가.

3. 너희는 왜 항상 코를 고니?

4. 그는 항상 나한테 잔소리를 해.

5. 나는 항상 낮잠 자는 건 아니야.

13

almost everyday
거의 매일
= often

1. 노아는 거의 매일 술을 마셔.

2. 그는 거의 매일 헬스가지 않아?

3. 나는 거의 매일 나의 부모님을 도와드려.

4. 그는 거의 매일 이를 갈아.

tips!

almost everyday는
문장 맨 뒤에 넣는 게
자연스러워요

5. 너희 거의 매일 저녁 요리하는 거 아니야?

14

every other day
격일로
= sometimes

1. 나는 격일로 외식을 해.

2. 너는 왜 회사를 오직 격일로 가니? (only)

3. 우리는 격일로 수영을 가.

4. 너 격일로 저녁 거르지 않아?

tips!

go 뒤에는 – ing가 나
옵니다.

5. 미첼은 격일로 책을 읽어.

15

rarely
거의 ~않다

1. 그는 거의 책을 안 읽어.

2. 그는 거의 코를 골지 않아.

3. 제시카는 거의 낮잠을 자지 않아.

4. 우리는 거의 영어 공부 안 해.

5. 나 거의 그거 사용하지 않아.

16

never
절대 ~않다

1. 나는 절대 운전을 안 해.

2. 그녀는 절대 그들을 안 도와줘.

3. 노아는 절대 그의 방 청소를 안 해.

4. 우리는 절대 커피를 마시지 않아.

5. 그는 절대 나한테 잔소리 하지 않아.

17

once (a day / a week / a month / a year)
한 번

1. 나는 하루에 한 번 머리를 빗어.

2. 그녀는 일주일에 한 번 헬스장에 가.

3. 제시카는 한 달에 한 번 외식해.

4. 그들은 일 년에 한 번 쇼핑을 가.

5. 너는 왜 한 달에 한 번 세차를 하니?

18

twice (a day / a week / a month / a year)
두 번

1. 우리는 하루에 두 번 영어 공부를 해.

2. 미쳴은 일주일에 두 번 그의 집을 청소해.

3. 나는 한 달에 두 번 운전해서 회사를 가.

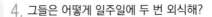

4. 그들은 어떻게 일주일에 두 번 외식해?

5. 우리는 일 년에 두 번 쇼핑을 가.

과거에 있었던 일 '과거'

Unit 1 일반 동사의 과거형

일반 동사의 과거형은 주어 + 과거동사 + 목적어 순서로 평서문을 만듭니다. 의문문은 문장 맨 앞에 did를 넣어 만듭니다. 과거형 의문문을 만들 때에는 주어와 관계없이 모두 did로 시작합니다. 부정문은 주어 뒤에 didn't를 사용합니다. 과거동사는 규칙동사와 불규칙 동사로 나뉘며, 이는 암기가 필요한 부분입니다. 규칙동사는 보통 동사에 -ed를 붙여 과거형을 만들지만 불규칙동사는 형태가 다양하여 따로 암기가 필요합니다.

Unit 2 관사, 그리고 가산명사와 불가산명사

명사는 셀 수 있는 것과 없는 것으로 나뉩니다. 셀 수 없는 명사에는

ⓐ 감정, ⓑ 액체/기체, ⓒ 너무 작은 것(쌀, 소금, 모래, 먼지 등), ⓓ 집합(가구, 음식, 과일, 돈 등), ⓔ 세상에 하나밖에 없는 이름(이름, 국가, 지명 등)이 있습니다.

관사는 셀 수 있는 명사가 하나일 때 a나 an을 붙입니다. 발음이 모음(a, e, i, o, u) 으로 시작되면 an을 사용합니다. 보통 정해지지 않은 하나를 이야기 할 때 a(an)을 사용합니다.

the는 화자(말하는 사람)와 청자(듣는 사람)가 둘 다 서로 알고 있는 대상을 가리킬 때 사용합니다. 그렇기 때문에 앞에 이미 나온 명사를 또 다시 언급할 때도 사용할 수 있습니다. (둘 다 아는 것을 지칭하는 것이기 때문이죠!)

동사 "play"는 세 가지 종류의 목적어를 가질 수 있습니다. ⓐ 스포츠, ⓑ 게임, ⓒ 악기입니다. 스포츠나 게임은 관사를 사용하지 않고 바로 목적어가 옵니다. 예를 들어, "I play soccer." 또는 "I play games."라고 합니다. 하지만 악기를 말할 때는 "the"를 붙여야 합니다. 기억하기 쉽게 "악기만 the = 야끼만두"라고 외워보세요.

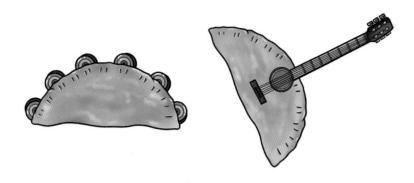

예를 들어, "I play the piano." 또는 "I play the violin."이라고 합니다.

이렇게 하면 스포츠, 게임 그리고 악기를 쉽게 구분할 수 있겠죠?

Unit 3 불가산명사의 단위 표현

셀 수 있는 것과 없는 것을 공부하다 보니 '아니, 물 한 병! 이렇게 세면 되는 거 아니야?'라는 생각이 드실 텐데요. 맞아요. 물은 '병'이라는 단위로 셀 수 있습니다. 그래서 셀 수 없는 명사는 단위가 반드시 필요해요.

한 컵의~	A cup of
한 병의~	A bottle of
한 꼬집의~	A pinch of
한 모금의~	A sip of

* '한 모금을 마시다'라는 표현에서는 drink가 아닌 take나 have를 사용합니다.

Unit 4 　무관사 명사

그런데 무조건 관사를 붙이는 것은 아니에요. 관사를 붙이지 않는 것도 있어요. 관사를 붙이지 않는 것은 무관사라고 합니다. 장소나 건물이 본래의 목적으로 쓰일 때나 일반적으로 하는 식사에는 관사를 붙이지 않아요. 그러나 특별한 식사에는 관사가 붙습니다.

I go to school.

I go home.

He goes to church.

I have lunch.

A nice breakfast: 멋진 아침

The company lunch: 회식

The Christmas dinner: 크리스마스 저녁

이렇게 문맥에 따라 관사의 사용이 달라질 수 있습니다.

1

**decide –
decided to**
결정하다 –
결정했다

1. 헤일리가 저녁을 요리하기로 결정했어.

2. 우리는 오늘 밤 영화를 보기로 결정했어.

3. 너 왜 이 책을 읽기로 결정했어?

4. 그는 그녀에게 선물을 하나 사주기로 결정했어.

5. 그들은 일찍 떠나기로 결정했어. (leave)

2

**book –
booked**
예약하다 –
예약했다

1. 나는 호텔을 예약했어.

2. 노아는 방을 예약했어.

3. 우리는 2명 테이블을 예약했어. (for two)

4. 너 제시카로 7시에 2명 테이블 예약했어? (under)

5. 나 아무것도 예약 안했어.

3

buy – bought
사다 – 샀다

1. 나 그한테 어제 점심 사줬어.

2. 너 왜 어제 그한테 점심 사줬어?

3. 그가 엊그제 나한테 점심 사줬거든. (the day before yesterday)

4. 너는 나한테 언제 점심 샀지?

5. 헤일리는 점심 안 샀어.

4

take a nap –
took a nap
낮잠 자다 – 낮잠
잤다

1. 우리 어제 두 시간 동안 낮잠 잤어. (for 2 hours)

2. 너 얼마나 오랫동안 낮잠 잤어?

3. 누가 낮잠 잤니?

4. 노아가 어제 낮잠 잤어.

5. 나는 어제 낮잠 안 잤어.

5

hit the gym –
hit the gym
헬스장에 가다 –
헬스장에 갔다

1. 그는 매일 헬스장에 가.

2. 우리는 매일 헬스장에 가.

3. 우리는 어제 헬스장에 갔어.

4. 너희 누구랑 헬스장 갔어?

5. 나 미첼이랑 어제 헬스장 갔어.

 tips!

습관이나 버릇일 때는
현재형으로 사용합니
다.

6

vote – voted
투표하다 –
투표했다

1. 너 투표했어?

2. 나 투표했지.

3. 누가 투표 안했니?

4. 모두가 투표했어. (everyone)

5. 너 누구한테 투표했어? (for)

7

a cup of
한 잔의~

1. 나는 커피 한 잔을 마셨어.

2. 헤일리는 물 한 잔을 마셨어.

3. 우리는 물을 8잔 마셨어.

4. 그는 아침에 주스 두 잔을 마셨어.

5. 그들이 언제 물 한 잔을 마셨어?

8

a sip of
한 모금의~

1. 우리는 한 모금의 우유를 자기 전에 마셨어. (before bed)

2. 나는 한 모금의 주스를 어제 마셨어.

3. 언제 그녀가 한 모금의 와인을 마셨어?

tips!

'한 모금을 마시다'는 drink를 쓰지 않고 take나 have를 사용합니다.

4. 노아는 그 수업 전에 한 모금의 커피를 마셨어.

5. 그들은 콜라 한 모금 마셨어 그 피자랑.

9

a pinch of
한 꼬집의~

1. 나는 한 꼬집의 설탕을 내 커피에 추가했어. (add, to my coffee)

2. 그녀는 한 꼬집의 설탕을 그녀의 커피에 추가했어?

3. 그는 한 꼬집의 소금을 그 스프에 추가했어.

4. 나는 한 꼬집의 소금을 내 스프에 추가하지 않았어.

5. 너는 왜 한 꼬집의 소금을 너의 스프에 추가했어?

10

get - got
얻다 - 얻었다

1. 나는 책 한권을 받았어. (book)

2. 우리는 그 계산서를 못 받았어. (the bill)

3. 너 어떻게 그걸 얻었어?

4. 그녀는 새로운 직업을 얻었어.

5. 노아는 제시카로부터 도움을 받았어. (help)

28

11

**order –
ordered**

주문하다 –
주문했다

1. 나는 피자를 주문했어.

2. 그는 새로운 책 하나를 온라인으로 주문했어. (online)

3. 우리는 방금 음식을 주문했어. (just)

4. 너 왜 이걸 주문했어?

5. 제시카는 커피를 주문하지 않았어.

12

**lose weight
– lost weight**

살을 빼다 – 살을
뺐다

1. 나는 작년에 살을 뺐어.

2. 나는 살 안 뺐어.

3. 미첼은 살 많이 뺐어. (a lot)

4. 너 왜 살 뺐어?

5. 너 어떠한 살도 전혀 안 뺀 거 아니야? (any, at all)

13

**gain weight
– gained
weight**

살이 찌다 – 살이
쪘다

1. 나 살 많이 쪘어. (a lot)

2. 너 언제 살쪘어?

3. 그는 살찌지 않았어?

4. 나 살 쪘어?

5. 그녀는 어떠한 살도 전혀 안 쪘어. (any, at all)

14
feel guilty –
felt guilty
죄책감을 느끼다 –
죄책감을 느꼈다

1. 나는 죄책감을 느꼈어.

2. 너는 죄책감을 느꼈니?

3. 그녀는 죄책감을 느끼지 않았어.

4. 너희 죄책감을 느끼지 않았니?

5. 우리는 죄책감을 느끼지 않았어.

Why did you order this?
너 왜 이걸 주문했어?

I gained weight a lot.
나 살 많이 쪘어.

즉흥적인 미래 'will'

Unit 1 **미래 표현 – will**

미래를 나타내는 방법에는 여러 가지가 있지만, 이 책에서는 두 가지를 배워보겠습니다. 첫 번째는 will을 사용하는 방법이고, 두 번째는 be going to를 사용하는 방법입니다.

이 둘은 같은 말이 아닙니다! 둘 다 미래를 나타내지만, 의미 차이가 확실히 있습니다. will은 의지를 나타내거나 즉흥적으로 결정하는 경우에 사용합니다. 그래서 "~할래", "~할게" 같은 느낌으로 사용합니다. 즉, 자신의 의사를 나타내는 표현입니다. 반면에, be going to는 "~할 예정이야", "~할 거야"처럼 이미 결정된 일이나 계획된 일을 나타낼 때 사용합니다. be going to는 Chapter 4에서 더욱 자세히 설명 드릴게요.

예문과 함께 살펴보도록 하겠습니다.

will은 화자의 강한 의지나 즉흥적으로 하는 결심을 나타냅니다. "I will go to bed now."(나 이제 자러 갈래.) 이 문장은 지금 이 순간, 즉흥적으로 내린 결정이에요. 또한 화자의 결심을 보여줍니다. 강한 의지가 드러나는 표현이에요. will은 계획되지 않은 행동을 말할 때 주로 사용합니다.

will은 조동사이기 때문에 주어와 관계없이 "will"로 통일합니다. 조동사 뒤에는 반드시 동사 원형을 사용합니다.

will의 부정문을 쓸 때는 주어 + will 뒤에 not을 붙여서 나타내고, 이는 won't로 줄여서 사용할 수 있습니다. 의문문을 만들 때는 조동사인 will을 문장 앞으로 꺼내면 됩니다. 부정의문문을 만들 때는 will not을 반드시 줄인 형태인 won't로 줄여서 부정의문문을 만듭니다.

Will you save some for me?
나를 위해 좀 남겨줄래?

1

give A a ride
A를 한번 태워주다

1. 너 나 내일 공항까지 태워줄래? (the airport)

2. 나 너 내일 공항까지 안 태워줄래.

3. 너 왜 나 공항까지 안 태워 줄 건데? 날 사랑하지 않아?

4. 그가 나를 공항까지 태워줄까?

5. 응, 그가 너를 태워 줄 거야.

2

behave oneself
(스스로)
처신을 잘 하다

1. 나 이따 처신 잘 할게. (later)

2. 너 처신 잘 할래?

3. 그는 처신을 잘 하지 않을 거야 그 파티에서. (at the party)

4. 그들이 처신 잘 안할까?

5. 왜 너 처신 잘 안할 거야?

3

save
구하다, 저축하다,
남겨두다, 절약하다

1. 너는 나의 목숨을 살려줄 거야. (my life)

2. 나를 위해 좀 남겨줄래? (some, for me)

3. 내가 너를 위해서 좀 남겨줄게.

4. 나 돈 모을 거야.

5. 나 어떠한 돈도 안 모을 거야. (any)

4

deal with
~을 처리하다,
다루다, 상대하다

1. 내가 그것을 처리할게.

2. 그들이 그를 상대할 거야.

3. 헤일리가 그 문제를 처리할 거야. (the problem)

4. 네가 저것 좀 처리할래?

5. 나는 어떠한 문제들도 처리하지 않을 거야!

5

answer
대답하다

1. 내가 전화 받을게. (the phone)

2. 노아는 전화 안 받을 거야.

3. (누군가 초인종을 누른 상황) 누가 나가볼래? (the door)

4. 네가 나가볼래?

5. 제가 그 질문에 답변을 해 볼게요. (the question)

6

pay
지불하다

1. 내가 저녁값 낼게. (for dinner)

2. 나를 위해 돈 내줄래?

3. 너 언제 돈 낼 거야?

4. 미첼이 나를 위해 돈 내줄 거야.

5. 그는 너를 위해 돈 내주지 않을 거야.

7

quit
그만두다

1. 나 다음 달에 일 그만 둘 거야. (my job)

2. 너 저 게임하는거 언제 끊을래?

3. 나 이 게임 안 끊을거야.

4. 그를 그만 이용해.

5. 우리는 절대 그것을 그만두지 않을 거야.

8

try
시도하다

1. 내가 그걸 시도해 볼게. (it)

2. 누가 이걸 시도해 볼래?

3. 너 이거 언제 시도해 볼래?

4. 우리는 항상 새로운 것을 시도할 거야. (something new)

5. 제시카는 새로운 것을 절대 시도해보지 않을 거야.

9
invest in
~에 투자하다

1. 미첼은 주식에 투자할 거야. (stocks)

2. 우리는 저 회사에 투자할 거야. (company)

3. 너는 어디에 투자할 거야?

4. 나는 부동산에 투자할 거야. (real estate)

5. 나는 아무것도 투자하지 않을 거야.

10
celebrate
축하하다

1. 우리는 다음 주에 그의 생일을 축하할 거야.

2. 너희는 어디서 새해를 축하할 거야? (the New Year)

3. 우리는 캐나다에서 새해를 축하할 거야.

4. 우리는 이번 일요일에 우리의 결혼기념일을 축하할 거야. (wedding anniversary)

5. 너희는 어떻게 너희의 결혼기념일을 축하할 거니?

Chapter 04

계획된 미래 'be going to'

Unit 1 **미래 표현 – be going to**

이전 챕터에서 설명했듯이, be going to는 이미 생각했고 결정한 것 즉 계획한 일을 이야기할 때 사용합니다. 여기에 있는 'going'은 계획이 이미 미래에 정해져 있고 그 계획으로 확실하게 가는 중인 느낌이 있어요. 그래서 be going to는 말할 때 이미 나의 의도가 있어요. "~할 예정이야", "할 거야"처럼 이미 결정된 일, 계획된 일을 나타낼 때 사용합니다.

be going to는 will보다 이미 계획되어 있고 결정된 일을 이야기할 때 사용해요. 그래서 will과 be going to의 뉘앙스가 달라요.

Unit 2 be going to의 시제

be going to는 be동사로 시제를 나타냅니다. 미래의 일을 이야기할 때는 be동사를 현재형(am, are, is)으로 사용합니다.

be동사는 주어에 따라서 형태가 변화하며, 원래형태(기본형)는 be입니다.

주어	be동사
I	am
We / You / They	are
He / She / It	is
My friends, The teachers...	are
My mom, A boy...	is

*you는 "너/너희"라는 두 가지 뜻을 가지고 있기 때문에 복수 취급을 하며, are과 함께 쓰입니다.

주어가 대명사일 때 주어와 be동사는 줄여서(축약형) 사용가능합니다. 대명사는 명사, 즉 고유의 이름을 대신 해 주는 명사입니다. 하지만 명사가 올 때는 축약형을 사용할 수 없습니다.

ex) "미첼 배고파."

→ "미첼" 대신 "나 배고파."

→ "나"가 대명사입니다.

Mitchell is hungry!
미첼 배고파!

"제시카는 키가 커."

→ "제시카" 대신 "그녀는 키가 커."

→ "그녀"가 대명사입니다.

평서문	축약형
I am	I'm
We are / You are / They are	We're / You're / They're
He is / She is / It is	He's / She's / It's
My friends are, The teachers are...	X
My mom is, The boy is...	X

* "My friends're"나 "The teachers're"와 같은 축약형은 일반적으로 사용하지 않습니다.

Unit 3 be going to의 부정문과 의문문

부정문을 만들 때는 be동사 뒤에 not을 붙여서 만듭니다. be동사와 not도 축약해서 사용이 가능합니다.

부정형	축약형
I am not	X
We are not / You are not / They are not	We aren't / You aren't / They aren't
He is not / She is not / It is not	He isn't / She isn't / It isn't

* am not은 줄여 쓸 수 없어요!

의문문을 만들 때는 be동사와 주인공(주어)의 자리를 바꿔주면 됩니다!

평서문	의문문
I am	Am I
We are / You are / They are	Are we / Are you / Are they
He is / She is / It is	Is he / Is she / Is it

My friends are / The teachers are...	Are my friends / Are the teachers...
My mom is / The boy is...	Is my mom / Is the boy

부정의문문을 만들 때는 be동사를 반드시 줄인 형태로 사용합니다.

부정 의문문
Aren't I*
Aren't we / Aren't you / Aren't they
Isn't he / Isn't she / Isn't it
Aren't my friends / Aren't the teachers...
Isn't my mom / Isn't the boy...

* am not은 줄여 쓸 수 없기 때문에 aren't로 사용합니다.

Unit 4 was / were going to (심화학습)

was/were going to는 과거 시점에서 미래에 일어날 예정이었던 일이나 그때 계획된 일을 나타낼 때 사용해요. 이는 화자가 과거에 계획이 있었다는 것을 이야기할 때 사용하는데 보통 어떤 계획이나 의도가 있었으나 그 일이 실제로 일어나지 않았을 때 사용합니다.

I was going to call you, but I forgot.
너에게 전화하려고 했는데, 잊어버렸어.

"I was going to call you, but I forgot."(너에게 전화하려고 했는데, 잊어버렸어.)

여기서 화자는 과거에 전화하려고 했으나, 실제로는 전화하지 않았다는 말입니다.

1

leave
떠나다

1. 나는 내일 일찍 떠날 예정이야. (early)

2. 그녀가 그녀의 직장을 떠날 예정이래? (job)

3. 노아는 그의 직장을 안 떠날 거야.

4. 너는 나를 떠날 예정이니?

5. 나는 너를 떠나지 않을 거야.

2

move
이사하다,
이동하다

1. 나는 다음 달에 뉴욕으로 이사 갈 예정이야. (next month)

2. 헤일리는 다음 주에 새로운 팀으로 이동할거야.

3. 너 뉴욕으로 누구랑 이사 갈 예정인데?

4. 너 다음 달에 뉴욕으로 이사 가지 않아?

5. 너 언제 뉴욕으로 이사 가?

3

meet
만나다

1. 너 이따가 누구 만날 예정이야? (later)

2. 나는 이따가 내 친구들을 만날 예정이야.

3. 너 이따가 친구들 어디서 만날 예정이야?

4. 우리는 카페에서 만날 예정이야. (at a café)

5. 너 다음 주에 나 만날 거야?

4

cancel on

~와의 약속을
취소하다

1. 너 나랑 또 약속 취소할 거야? (again)

2. 너 왜 그녀와의 약속을 취소할 거야?

3. 나 너랑 또 약속 취소 안할 거야.

4. 나 오늘 그랑 약속 취소 할 거야.

5. 미첼은 나랑 약속 취소할 거야.

5

go out

외출하다

1. 너 이번 주말에 너의 여자 친구랑 외출할 예정이야?

2. 나 이번 주말에 내 친구들이랑 외출할거야.

3. 그녀는 오늘밤 외출 안 할 거야.

4. 왜 그녀는 오늘밤 외출 안 할 거래?

5. 헤일리는 그녀의 남자친구랑 외출할거래.

6

dump
(연애에서) ~를
차다

1. 그녀가 너 찰 예정이래?

2. 너 내일 너의 남친 찰 거야?

3. 나 내 남친 안 찰 거야.

4. 그는 너를 다음 주에 찰 거야.

5. 그가 정말 나를 다음 주에 찰까? (really)

7

wake up
일어나다

1. 우리 내일 일찍 안 일어날 거야?

2. 나 내일 일찍 일어날 거야.

3. 미첼은 내일 일찍 안 일어날 거야.

4. 너 몇 시에 일어날 거야?

5. 우리는 내일 6시에 일어날 거야.

8

**stay up all
night**
밤을 새우다

1. 너 오늘 밤 밤새울 거야?

2. 나 밤 안 새울 거야.

3. 너 왜 밤새울 거야?

4. 그들이 너랑 밤새운대?

5. 그들은 밤 안 새울 거야.

9
get a haircut
머리를 자르다

1. 너 언제 머리 자를 거야?

2. 너 머리 안 자를 거야?

3. 나 이번 주말에 머리 자를 거야.

4. 그도 머리 자른대? (too)

5. 그는 머리 안 자른대.

10
trim
다듬다

1. 너 면접 전에 너 수염 안 다듬을 거니? (beard, before the interview)

2. 나 이따가 수염 다듬을 거야.

3. 너 앞머리는 안 다듬을 거야? (bangs)

4. 나 앞머리는 안 다듬을 거야.

5. 너 왜 손톱 안 다듬을 건데? (nails)

1   나 호텔 하나 예약해.

2   누가 낮잠을 안 자?

3   너 친구들이랑 외식 안 해?

4   응, 나 외식 안 해.

5   너 왜 이거 주문했어?

6   제시카는 책을 더 선호해 아니면 영화?

7   너 언제 돈 낼 거야?

8   나 이번 주말에 머리 자를 예정이야.

9   노아는 절대 그의 방 청소 안 해.

10   나 어제 미첼이랑 헬스장 갔어.

11   너 누구랑 헬스장 가?

12   우리 두 명 테이블 하나 예약했어.

13   너는 왜 회사를 오직 격일로 가니? (only)

14   너 제시카 이름으로 7시에 두 명 테이블 하나 예약했어?

15   미첼은 항상 저녁 요리해. (all the time)

16   그녀는 왜 오늘 밤에 외출 안 할 예정이래?

17 나 이 게임 안 끊을거야.

18 너 날 떠날 예정인거야?

19 그녀는 오늘 밤에 외출할 예정이 아니야.

20 너 얼마나 오랫동안 낮잠 잤어? (for)

21 모두가 투표했어.

22 그는 언제 코 골아?

23 나 남자친구 안 찰 예정이야.

24 그녀는 절대 날 도와주지 않아.

25 너 다음 달에 뉴욕으로 이사 갈 예정 아니야?

26 제시카는 이를 갈지 않아?

27 노아는 그의 직장을 떠나지 않을 예정이야. (job)

28 제시카는 일주일에 한 번 헬스장에 가.

29 노아는 제시카로부터 도움을 얻었어.

30 그들은 콜라 한 모금 마셨어 그 피자랑.

31 나 앞머리 안 다듬을 예정이야.

32 너 왜 그녀와의 약속을 취소할 예정인데?

33 노아는 술을 거의 매일 마셔.

34 나 부동산에 투자할 거야. (real estate)

35 너 어디서 새해 축하할 거야?

36 미첼은 일주일에 두 번 그의 집을 청소해.

37 우리 오늘 밤 영화 보기로 결정했어.

38 나 그녀한테 잔소리 안 해.

39 미첼은 테이블 하나 예약해.

40 헤일리는 물 한 잔 마셨어.

41 그들이 너랑 밤새울 예정이래?

42 나 살쪘어?

43 그가 다음 주에 너 찰 예정이래.

44 나 내 커피에 설탕 한 꼬집 넣었어.

45 너 누구랑 헬스장 갔어?

46 너 왜 저녁 걸러?

47 헤일리가 그 문제 처리할 거야.

48 미첼이 나를 위해 계산할 거야.

49 나 죄책감 느꼈어.

50 너 머리 다듬을 예정이니?

51 나 내일 너 공항에 안 데려다줄 거야.

52 제시카는 거의 낮잠을 안 자.

53 너 왜 밤새울 예정이야?

54 오늘밤 누가 외식을 해?

55 그녀는 전혀 살 안 쪘어. (at all)

56 (누군가 초인종을 누른 상황) 네가 문에 대답할래?

57 너 죄책감 느껴?

58 누가 이를 갈아?

59 우리는 물 8잔 마셨어.

60 우리 다음 주에 그의 생일을 축하할 거야.

61 너 언제 이거 시도해 볼 거야?

62 미쳴은 코 안 골아.

63 우리는 항상 새로운 것을 시도할 거야. (something new)

64 나 저녁 거르지 않아.

65 그녀는 새 직장 얻었어.

66 미쳴은 내일 일찍 안 일어날 예정이야.

67 우리 어제 두 시간 동안 낮잠 잤어.

68 내가 그 질문에 대답해 볼게.

69 우리는 한 달에 한 번 외식해.

70 네가 저거 처리할래?

71 헤일리는 죄책감 안 느껴.

72 너는 내 목숨을 구할 거야.

73 너 왜 어제 그에게 점심을 사줬어?

74 너 언제 뉴욕으로 이사 갈 예정이야?

75 그도 머리 자를 예정이래?

76 그녀는 책을 선호해, 영화보다. (over)

77 그가 엊그제 나 점심 사줬어.

78 그를 그만 이용해.

79 너 처신 잘 할 거야?

80 너 전혀 살 안 빠지 않았어? (any, at all)

81 나를 위해 조금 남겨줄래?

82 그는 거의 코를 안 골아.

83 너 내일 나 공항에 데려다줄래?

84 너 누구한테 투표했어?

85 헤일리는 항상 운전해서 회사가. (all the time)

86 나 아무것도 투자 안 할래.

87 너 왜 그녀한테 잔소리해?

88 너 왜 살 뺐어?

89 노아는 그 수업 전에 커피 한 모금 마셨어.

90 너 몇 시에 일어날 예정이야?

91 너는 매일 날 꼬집어.

92 너 왜 책 읽기로 결심했어?

93 나 격일로 외식해.

94 그는 술을 누구랑 마셨어?

95 그녀가 그녀의 커피에 설탕 한 꼬집 넣었어?

96 나 이따가 내 친구들 만날 예정이야.

97 그는 처신을 잘 하지 않을 거야, 그 파티에서.

98 나 너랑 약속을 다시는 취소하지 않을 예정이야.

99 나 제시카랑 헬스장 갔어.

100 너 남자친구 꼬집어?

~하는 중이다 '현재진행'

Unit 1 진행형의 시제

"~하는 중"이라는 진행을 나타낼 때는 be동사와 -ing를 함께 써서 나타냅니다. 진행형은 3가지 시제로 나눠집니다. be동사로 시제를 나타냅니다.

현재진행: am, are, is + ing*
과거진행: was, were + ing
미래진행: will be + ing

* 현재진행은 예정된 가까운 미래를 나타낼 때도 사용해요. 미래에 대한 계획이나 준비가 이미 되어 있고, 그 계획이 실행 중인 것 같은 느낌을 주기 때문에 미래에 일어날 일을 나타내는 데도 사용할 수 있습니다. "I am studying with Jessica tomorrow."(나는 내일 제시카랑 공부하는 중이야. = 나는 내일 제시카랑 공부할 거야.)

진행형은 이럴 때 사용돼요. 제가 친구한테 저녁 7시쯤 전화를 걸어요. 친구가 받지 않고 다른 사람이 받네요. 제가 물어봅니다. "용건이 있어서 전화 드렸습니다. 혹시 제 친구와 전화할 수 있을까요?"

상대방이 저한테 이렇게 이야기를 했어요.

"She is taking a shower."
(그녀는 지금 샤워중이에요.)

She is taking a shower.
그녀는 지금 샤워중이에요.

제가 8시에 친구에게 다시 전화를 걸었더니 이번에는 친구가 전화를 받았어요. 그래서 저는 "너 아까 뭐하고 있었어? 왜 전화 안 받은 거야?" 그랬더니 제 친구는 저에게 이렇게 말했어요.

"I was taking a shower."(나 샤워 중이었어.)

이렇게 ~하는 중일 때 사용할 수 있습니다.

I was taking a shower.
나 샤워중이었어.

Unit 2 진행형의 부정문과 의문문

문장에 be동사가 있는 경우에는 be동사의 부정문과 의문문을 만드는 방법과 똑같은 방법으로 만들 수 있습니다. 진행형의 부정문은 be동사 뒤에 not을 붙여서 만들고 진행형의 의문문은 be동사를 문장 맨 앞으로 꺼내서 만들어요.

Unit 3 현재형과 현재진행형의 차이

현재형과 현재진행형의 차이는 무엇일까요?

현재형은 현재의 습관이나 버릇, 평소에 하는 일을 물어볼 때 사용하고 부정문과 의문문을 만들 때 는 반드시 do/does를 사용해서 만듭니다. 반면에 현재진행형은 지금 당장 하는 중인 것을 이야기 할 때 사용하고 be동사와 -ing가 반드시 사용됩니다.

Is he snoring?
Does he usually snore?
쟤 코 고는 중이야?
쟤 보통 코 고나?

Yes, he does.
응, 쟤 원래 골아.

1

have + 식사
식사를 먹다

----------- **tips!**
'지금'이라는 것은 힌트라고 생각하시면 돼요. 왜냐면 '지금 하는 중~'이라는 이야기를 하고 싶기 때문에 '지금'이라는 단어가 사용 된 것이에요. 그래서 now를 쓰셔도 되고 안 쓰셔도 돼요.

1. 제시카는 지금 아침 먹는 중이야.

2. 너 누구랑 점심 먹는 중이야?

3. 너네 어디서 점심 먹는 중이야?

4. 우리는 점심 먹는 중이 아니야.

5. 그녀는 저녁 먹는 중이니?

2

text
문자하다

1. 너 누구한테 문자 중이야?

2. 나 아무한테도 문자하는 중 아니야. (anyone)

3. 너 누군가한테 문자하는 중이잖아. (someone)

4. 내가 누구한테 문자하는데?

5. 너 나한테 문자 중이잖아.

3

lie to
~에게 거짓말 하다

1. 너 왜 나한테 거짓말 하는 중이니?

2. 나 너한테 거짓말 하는 중 아니야.

3. 너 나한테 거짓말 하는 중이니?

4. 내가 뭐에 대해서 거짓말 하는 중이겠어? (about)

5. 그들은 우리한테 거짓말 하는 중이야.

4
make fun of
~를 놀리다

1. 너 나 놀리는 중이니?

2. 나 너를 놀리는 중이 아니야.

3. 왜 너는 나를 놀리는 중이니?

4. 노아는 우리 모두를 놀리는 중이야. (all of us)

5. 우리는 아무도 놀리는 중이 아니야. (anyone)

5
watch
보다

1. 그녀는 컴퓨터로 무엇을 보고 있니? (on the computer)

2. 그녀는 영화를 보고 있어.

3. 그녀는 왜 컴퓨터로 영화를 보는 중이야? (on)

4. 그들은 티비를 보고 있지 않아.

5. 나는 그녀의 아이들을 보고 있어. (children)

6

look at
~를 (빤히) 보다

1. 너 왜 나를 안보는 중이야?

2. 너 뭐 보는 중이야?

3. 나는 별들을 보는 중이야. (the stars)

4. 너 왜 별들을 보는 중인데?

5. 너는 항상 너의 핸드폰을 보는 중이잖아.

7

talk
이야기 하다

1. 너 무엇에 대해서 얘기하는 거야? (about)

2. 너 나에 대해서 얘기하는 거야?

3. 너 나한테 얘기하는 거야?

4. 나 너한테 얘기하는 거 아니야.

5. 나는 전화로 얘기하는 중이야. (on the phone)

8

do 소유격
homework
~의 숙제를 하다

1. 걔네 숙제하고 있대?

2. 걔네들 어디서 숙제하고 있대?

3. 그들은 집에서 숙제하고 있대. (at home)

4. 너 왜 지금 숙제하는 중이야?

5. 나 숙제하는 중 아니야.

9
argue
말다툼 하다

 tips!

right now는 '지금 당장'을 강조하는 느낌이고 now는 과거도 아니고 미래도 아닌 지금이지만 경계가 매우 모호해요!

1. 쟤네 지금 말다툼 해? (right now)

2. 쟤네 왜 말다툼 하는 중이래?

3. 쟤네 뭐에 대해서 말다툼 하는 중이래?

4. 쟤네 말다툼 하는 중 아니야.

5. 쟤네는 항상 말다툼 하는 중 아니야?

10
vacuum
청소기를 돌리다

1. 나 청소기 돌리는 중이야.

2. 누가 청소기를 지금 돌리는 중이야? (right now)

3. 그들이 청소기를 돌리는 중이야.

4. 왜 쟤네는 이 시간에 청소기를 돌리는 중이지? (at this time)

5. 나도 몰라. 너도 청소기 돌리는 중이잖아. (too)

Chapter 06

~하는 중이었다 '과거진행'

과거 진행형의 구조

과거 진행형은 be동사를 과거로 표현해서 나타냅니다. 과거진행형은 "~하는 중이었어"로 해석을 합니다.

> **They were yelling.**
> 그들이 소리치는 중이었어.

be동사는 주인공(주어)에 따라서 형태가 변화하며 원래형태(기본형)은 be입니다.

주어	be동사	주어	be동사
I	was	My friends, The teachers...	were
We / You* / They	were	My mom, A boy...	was
He / She / It	was		

*You는 너/너희라는 두 가지 뜻을 가지고 있기 때문에 복수취급을 해 줍니다. 그래서 You는 were과 함께 쓰입니다.

과거 be동사는 주어와 함께 줄여서(축약형) 사용이 불가능합니다.

과거 진행형의 부정문과 의문문

부정문을 만들 때는 be동사 뒤에 not을 붙여서 만듭니다. be동사와 not은 축약해서 사용이 가능합니다.

부정형	축약형
I was not	I wasn't
We were not / You were not / They were not	We weren't / You weren't / They weren't
He was not / She was not / It was not	He wasn't / She wasn't / It wasn't

의문문을 만들 때는 be동사와 주인공(주어)의 자리를 바꿔주면 됩니다!

평서문	의문문
I was	Was I
We were / You were / They were	Were we / Were you / Were they
He was / She was / It was	Was he / Was she / Was it
My friends were, The teachers were...	Were my friends / Were the teachers...
My mom was, The boy was...	Was my mom / Was the boy...

부정의문문을 만들 때는 be동사를 반드시 줄인 형태로 사용합니다.

부정 의문문
Wasn't I
Weren't we / Weren't you / Weren't they
Wasn't he / Wasn't she / Wasn't it
Weren't my friends / Weren't the teachers...
Wasn't my mom / Wasn't the boy...

1

expect
기대하다,
기다리다

1. 나 너 전화 기다리는 중이었어. (your call)

2. 그는 누군가 기다리는 중이었어.

3. 너 나 기다리는 중이었니?

4. 너 누구 기다리는 중이었니?

5. 나는 아무도 기다리는 중이 아니었어.

6. 너 나 기다리는 중 아니었어?

2

make fun of
~를 놀리다

1. 너 누구 놀리는 중이었어?

2. 나 너 놀리는 중이었어.

3. 너 나 놀리는 중이었다고?

4. 너 왜 나 놀리는 중이었는데?

5. 나는 너희 모두를 놀리는 중이었어. (all of you)

6. 너 그를 놀리는 중 아니었어?

3
yell
소리치다

1. 누가 소리치는 중이었어?

2. 그들이 소리치는 중이었어.

3. 왜 그들이 소리치는 중이었어?

4. 그들은 너한테 소리치는 중이었어. (at)

5. 그들이 나한테 소리치는 중이었다고?

6. 그녀가 소리치는 중 아니었어?

4
doze off
졸다

1. 나 조는 중이었어.

2. 너 조는 중이었어?

3. 나 조는 중 아니었어.

4. 그가 왜 조는 중이었니?

5. 그들은 조는 중이 아니었어.

6. 그들이 조는 중 아니었어?

5

bother
괴롭히다

1. 그녀가 너를 괴롭히는 중이었니?

2. 헤일리는 나를 괴롭히는 중이 아니었어.

3. 누가 너를 괴롭히는 중이었니?

4. 아무도 나를 괴롭히는 중이 아니었어. (no one)

5. 왜 너는 그를 괴롭히는 중이었어?

6. 네가 그를 괴롭히는 중이 아니었어?

6

whisper
속삭이다

1. 그들은 왜 속삭이고 있었어?

2. 누가 속삭이고 있었어?

3. 그들이 속삭이고 있었어.

4. 그들이 무엇에 대해 속삭이고 있었는데?

5. 몰라, 그들이 뭔가 속삭이고 있었어. (something)

6. 그녀가 속삭이는 중 아니었어?

7

laugh
깔깔 웃다

1. 그들은 깔깔 웃는 중이었어.

2. 그들이 뭐를 비웃는 중이었는데?

3. 그들이 왜 깔깔 웃는 중이었는데?

4. 너 나를 비웃는 중이었어?

5. 나는 너를 비웃는 중이 아니었어.

6. 너 나를 비웃는 중 아니었어?

8

try to
~하는 것을
시도하다

1. 너 왜 도망가려고 시도하는 중이었어? (run away)

2. 누가 그 문제를 해결하려고 시도하는 중이었어? (solve the problem)

3. 내가 그 문제를 해결하려고 시도하는 중이었어.

4. 우리는 새로운 것을 시도하는 중이었어. (something new)

5. 노아는 새로운 것을 요리하려고 시도하는 중이었어.

6. 그가 새로운 것을 요리하려고 시도하는 중이었다고?

9

take a nap
낮잠 자다

1. 너는 어디서 낮잠 자는 중이었어?

2. 나는 낮잠 자는 중이었어.

3. 우리는 낮잠 자는 중이 아니었어.

4. 그가 낮잠 자는 중이었어?

5. 너는 왜 낮잠 자는 중이었어?

6. 그들이 휴게실에서 낮잠 자는 중 아니었어? (in the lounge)

10

answer
대답하다

1. 누가 전화에 대답하는 중이었어? (the phone)

2. 나는 전화에 대답하는 중이 아니었어.

3. 네가 전화에 대답하는 중 아니었어?

4. 헤일리는 그 질문에 대답하는 중이었어. (the question)

5. 그녀가 왜 그 질문에 대답하는 중이었어?

6. 우리는 그 질문에 대답하는 중이 아니었어.

Were you dozing off?
너 조는 중이었어?

I'm trying to cook something new.
나는 새로운 것을 요리하려고 시도하는 중이야.

숫자 읽기 (1)

Unit 1 숫자 읽기

영어는 숫자를 읽는 방법이 매우 단순합니다. 콤마를 기준으로 읽어주시면 됩니다. 우선 1부터 100 까지만 셀 수 있으면 조까지 셀 수 있어요.

10의 자리의 수는 수 끝에 -teen을 붙이면 되고 10단위의 숫자는 뒤에 -ty를 붙이면 됩니다. thirteen(13), twenty(20) 이렇게요.

100부터는 끝에 hundred를 붙여서 100자리의 숫자를 만들 수 있습니다. one hundred(100) 이렇 게요.

천부터는 콤마가 생기기 시작합니다. 1,000 이렇게요. 이때 첫 번째 콤마는 thousand라고 읽습니 다. 그래서 콤마 앞에 있는 숫자를 읽어주고 thousand를 붙여주시면 됩니다. 이때, 뒤에가 0으로 끝 나면 그냥 one thousand 이렇게 읽지만 1,234 이것처럼 뒤에 숫자가 있으면 백 자리 숫자를 읽는 것 처럼 읽으면 됩니다. 그래서 1,234는 "one thousand two hundred thirty-four"라고 읽으면 됩니다. thousand는 'K'로 읽기도 하고 'grand'로 읽기도 합니다. 이것들은 슬랭(slang)이라고 해서 정식적으 로 사용되지는 않고 구어체에서 흔하게 사용되는 표현입니다.

한국어에는 만 단위가 있는데 영어에는 없어요. 그래서 10,000은 1,000이 10개이기 때문에 ten thousand이라고 읽으면 됩니다. 저는 10,000은 천원이 10장이면 만원! 이렇게 외웠어요. 100,000 십만은 역시 콤마 앞을 먼저 읽어주고 그다음 콤마를 읽어주시면 돼요. one hundred thousand 이렇 게요.

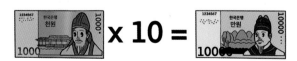

1,000,000 백만은 콤마가 두 개가 있습니다. 오른쪽에서 두 번째 콤마는 million이라고 읽습니다. 밀리어내어 들어보셨나요? 백만장자라는 뜻이죠. 그래서 백만은 million입니다. 이것도 이 전과 숫자 읽는 법이 같습니다. 콤마 앞에 숫자를 먼저 읽어주고 million을 붙여주시면 됩니다. 이때 뒤가 0으로 끝나면 왼쪽에서 첫 번째 콤마만 읽어주시면 돼요. 숫자가 있다면 백 자리 숫자를 읽는 것처럼 읽으면 됩니다.

10,000,000 천만은 ten million이라고 읽고 100,000,000 1억은 one hundred million이라고 읽으면 되겠죠. 백만부터 뒷자리는 소수로 표현되기도 해요. 예를 들어 1,200,000은 one(1) million two hundred(200) thousand로 읽을 수도 있고 one point two(1.2) million이라고 읽을 수도 있습니다. 다른 단위의 숫자를 읽을 때 소수로 나타내요.

1,000,000,000 10억입니다. 요즘은 밀리어내어보다 빌리어내어를 더 많이 듣는 것 같은데요. 이것은 십억장자라는 뜻입니다. (저도 십억 장자가 되고 싶은데요.) 오른쪽에서 세 번째 콤마는 billion이라고 읽습니다. billion은 10의 9승이라는 뜻이에요. 그래서 0이 9개가 있습니다. billion에서 b를 거꾸로 하면 9같지 않나요? 그래서 0이 9개! 이 숫자도 이전과 읽는 방법이 같아요! 0이 9개는 billion, billion은 십억 입니다!

마지막으로 1,000,000,000,000 1조예요. 오른쪽에서 네 번째 콤마는 trillion이라고 읽습니다. 이는 10의 12승이라는 뜻이에요. 그래서 0이 12개입니다. 이 숫자도 마찬가지로 다른 것과 똑같이 읽어주시면 됩니다.

그러면 아래의 숫자를 같이 읽어볼게요.

987,654,321,123,456

987 trillion 654 billion 321 million 123 thousand 456이 되겠죠. 풀어서 읽어볼게요. "nine hundred eighty-seven trillion six hundred fifty-four billion three hundred twenty-one million one hundred twenty-three thousand four hundred fifty-six"가 됩니다.

Unit 2 　소수 읽기

소수는 소수점 앞의 숫자는 그대로 읽고 소수점은 point라고 읽습니다. 소수점 뒤에 부분은 한자리씩 숫자를 읽어주면 됩니다.

소수점 앞의 숫자가 0이라면 zero라고 읽거나 혹은 생략하고 바로 point로 읽으면 됩니다.

0.5는 "zero point five" 또는 "point five", 3.14는 "three point one four"라고 읽습니다. 25.7은 "twenty five point seven"이라고 읽습니다.

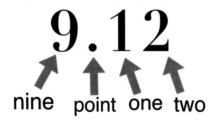

분수를 읽을 때는 분자의 숫자는 그대로 읽고 분모는 서수로 읽습니다. 이때 분자가 2 이상일 경우 분모 뒤에 -s를 붙입니다. 1/2 과 1/4는 통상적으로 각각 a half, a quarter로 이야기 합니다.

1/2는 "a half", 1/3는 "one third", 1/4는 "a quarter", 3/4는 "three fourths" 또는 "three quarters"라고 읽습니다. 다음 숫자들은 7/8 "seven eighths", 5/6 "five sixths"라고 읽습니다.

$$\frac{1 \leftarrow \text{one}}{8 \leftarrow \text{eighth}}$$

$$\frac{5 \leftarrow \text{five}}{6 \leftarrow \text{sixths}}$$

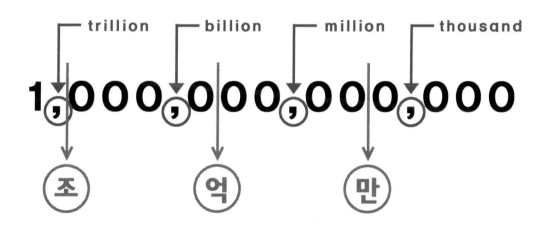

1
hundred
백 (100)

1. 미첼은 작년에 백 권의 책을 읽었어.
2. 너 진짜 가방 200개 가지고 있어?
3. 우리는 백 잔의 커피를 주문했어.
4. 900명의 학생들이 학교에 간다.
5. 저희가 티켓 300장 살 수 있나요?
6. 그녀는 저 영화 400번 봤대. (times)

2
thousand
천 (1,000)

1. 나는 내 딸한테 천 개의 장난감 사줬어.
2. 너 2천원 낼 수 있어?
3. 나 내 파티로 천 명 초대 했어.
4. 나 이거에 2만원 내고 싶지 않아. (for this)
5. 우리는 5만 킬로미터를 운전했어.
6. 나 이거 9만 9천 9백 원에 샀어. (for)

3
**one hundred
thousand**
십만 (100,000)

tips!

20만원은 천원짜리가 200장 혹은 200만원에서 공이 하나 빠진 것 그래서 million까지 갈 수 없어서 100의 단위를 사용한 뒤 thousand를 붙여야 해요.

1. 우리 어제 샌드위치 십만 개 만들었어.

2. 너네 어제 샌드위치 십만 개 팔았어?

3. 나 이거 20만 원 주고 샀어. (for)

4. 나 십만 팔로워 있어!

5. 그녀는 90만 팔로워 있어.

6. 나 이것에 98만 원 내고 싶지 않아. (for this)

4
million
백만 (1,000,000)

tips!

150만원을 100만원 단위로 생각을 하면 1.5원이 됩니다. 1.5를 읽으시고 million을 붙여주시면 됩니다.

1. 엄마가 나한테 백만 원 주셨어.

2. 너희 어머님이 너한테 200만 원 주셨어?

3. 나 이거 150만 원 주고 샀어.

4. 저희는 450만 마리의 새가 있어요.

5. 이 비디오는 500만 번의 조회수를 얻었어. (get, views)

6. 한국은 586만 마리의 강아지를 가지고 있어.

5

ten million
천만
(10,000,000)

 tips!

1,000만원은 100만원
짜리가 10장입니다.

9,990만은 100만원짜
리가 99장, million까
지 갈 수 없어서 소수점
으로 남은 숫자를 읽어
주시고 million 를 붙여
야 해요.

1. 노아는 천만 명의 팬을 가지고 있어.

2. 나 이번 달 1500만 원을 벌었어!

3. 5천만 한국인들은 이 책을 좋아해.

4. 그녀는 4800만 권의 책을 팔았어.

5. 나는 보증금으로 6500만 원 냈어. (for the deposit)

6. 저희가 9990만 개의 아이폰을 무료로 드릴게요! (for free)

6

one hundred million
일억
(100,000,000)

1. 우리는 작년에 1억 명의 사람들을 도왔습니다.

2. 나는 보증금으로 2억 원을 냈어. (for the deposit)

3. 너 3억 원 있어?

4. 그들은 9억 원을 투자했대.

5. 이 책은 2억 개의 단어를 사용 했어. (words)

6. 2억 5천만 년 전에 공룡들이 여기 살았어. (Dinosaurs, ago)

7

one billion
십억
(1,000,000,000)

1. 이 영화는 10억 달러를 벌었대.

2. 우리는 올해 80억 개의 차를 팔았어요.

3. 미첼이 저 빌딩 28억 원주고 샀대. (for)

4. 이 비디오는 12억 번의 조회 수를 얻었어. (get, views)

5. 10억 명이 이 게임을 한대.

6. 나 이 아파트 30억 원 주고 샀어. (apartment)

tips!

복수일 경우 원(won)
은 −s를 붙이지 않지만
달러(dollar)는 −s를
붙여서 이야기 해요.

8

ten billion
백억
(10,000,000,000)

1. 그 회사는 100억 원을 투자했어.

2. 이 음식은 200억 명을 구할 거야.

3. 우주는 2500억 개의 별을 가지고 있어. (the universe)

4. 제시카가 400억 개의 별을 찾아냈어! (find)

5. 이거는 600억 개의 유산균을 가지고 있어. (probiotics)

6. 어떻게 우리가 1000억 개의 뉴런을 사용할 수 있겠어? (neurons)

9

one trillion
일조 (1,000,000,
000,000)

1. 나 비트코인 1조 개 있다!

2. K-pop이 작년에 5조 원 벌었대.

3. 그 회사는 3조 원을 받았어.

4. 너 1조까지 셀 수 있어? (count, to)

5. 이재영이 15조 원 있대.

6. 일론 데스크는 332조 원 있대.

10

소수
(Decimal)

1. 나 98.5점 받았어. (get, points)

2. 너 78.9점 받았니?

3. 우리가 3.14를 더할 수 있을까?

4. 67.2%가 투표했어.

5. 45.9%가 그것을 좋아했어.

6. 우리가 3.5를 뺄 수 있을까? (subtract)

11

**분수
(Fraction)**

1. 미첼이 그것의 1/2을 먹었어. (of)

2. 나 그것의 1/4을 원해.

3. 나는 그 책의 1/3을 읽었어.

4. 우리는 우리의 2/5의 시간을 절약했어. (our time)

5. 내가 그것의 1/8을 가져도 돼?

6. 우리는 이 영화의 3/10 봤어.

tips!

half, quarter 앞
에 관사를 붙여야
합니다.(a half, a
quarter)

I have nine
hundred(900)
thousand followers.
나는 90만 팔로워 있어.

I bought this for one(1)
million five hundred(500)
thousand won.
나 이거 150만원 주고 샀어.

그치? '부가의문문'

Unit 1 "그치~?" 부가의문문

부가의문문은 "그치~?"를 물어보는 질문입니다. 평서문 뒤에 짧은 의문문을 부가적으로 꼬리표처럼 붙여서 상대방의 의견을 확인하거나 동의를 구할 때 사용할 수 있습니다. 영어로는 'tag questions'이라고 이야기 합니다.

평서문이 긍정이면 부가의문문은 부정으로, 평서문이 부정이면 부가의문문은 긍정으로 해 주시면 됩니다. 이때 부정문인 부가의문문을 만들 때는 반드시 줄인 표현으로 사용을 합니다. 그러나 am not 은 줄임말이 없기 때문에 aren't로 사용합니다.

여기서 만약에 평서문에 never나 rarely가 들어간다면 이미 부정이기 때문에 부가의문문은 반드시 긍정으로 만들어야 합니다.

부가의문문을 만들 때에는 반드시 평서문에 사용된 동사와 같은 동사를 사용하고 같은 시제를 사용해야합니다. 조동사도 마찬가지입니다. 평서문에 조동사가 사용이 됐다면 부가의문문에서도 동일한 조동사를 사용해야 합니다. 평서문에 명사가 왔더라도 부가의문문에서는 대명사로 사용을 합니다.

Unit 2 부가의문문의 대답

부가의문문의 대답은 말하고 싶은 내용에 초점을 맞춰 사용합니다. 예를 들어 "너 커피 좋아하지, 그치?"라는 문장은 "You like coffee, don't you?"입니다. 이에 대한 대답을 "응, 안 좋아해"라고 하려면 "I don't."라고 말해야 하고, 대답의 초점이 부정적인 내용이라면 "No"로 시작해야 합니다. 따라서 "No, I don't."라고 대답하면 됩니다.

반대로 "아니, 좋아해"라는 대답을 하고 싶다면 "I do."라고 말해야 하고, 이 경우 대답은 "Yes"로 시작해야 합니다. 그래서 "Yes, I do."라고 대답하면 됩니다.

Mitchell always adds suger, doesn't he?
미첼은 항상 설탕을 더 넣지, 그치?

긍정 +	부정 -	해석
She likes coffee	doesn't she?	그녀는 커피 좋아하지, 그치?
They will come home soon	won't they?	그들 집에 곧 올 거지, 그치?
Henry hit the gym	didn't he?	헨리는 헬스 갔지, 그치?
I am working	aren't I?	나 일하는 중이잖아, 그치?

부정 -	긍정 +	해석
She didn't sleep	did she?	그녀는 안 잤지, 그치?
Henry won't come home	will he?	헨리 집에 안 올 거지, 그치?
You don't drink coffee	do you?	커피 안마시지, 그치?
Henry and Eva weren't talking	were they?	헨리랑 에바 얘기 중이었지, 그치?

1
pinch
꼬집다

1. 그녀는 매일 그녀의 남동생을 꼬집어, 그치?

2. 그리고 그녀는 오늘 아침에 그녀의 남동생을 꼬집는 중이었지, 그치?

2
decide
결정하다

1. 헤일리는 머물기로 결정했어, 그치?

2. 그녀는 곧 결정할 예정이지, 그치?

3
nag
잔소리하다

1. 그녀는 하루종일 너에게 잔소리하는 중이었지, 그치? (all day)

2. 너 나한테 잔소리할 거지, 그치?

4
all the time
항상

1. 그들은 항상 뭔가 축하하지, 그치?

2. 너는 항상 여기 머무르지 않을 거지, 그치?

5
almost everyday
거의 매일

1. 헤일리는 거의 매일 너에게 전화하지, 그치?

2. 제시카는 거의 매일 너에게 문자했지, 그치?

6

gain weight
살이 찌다

1. 그녀는 쉽게 살이 찌지 않지, 그치? (easily)

2. 나는 살이 찔 거야, 그치?

7

vacuum
청소기를 돌리다

1. 그들은 그 집을 청소기 돌리는 중이었지, 그치?

2. 너는 곧 청소기를 돌릴 예정이지, 그치?

8

rarely
거의 ~않다

1. 그녀는 거의 외식하지 않지, 그치?

2. 그는 거의 아침을 거르지 않았었지, 그치?

9

never
절대 ~않다

1. 노아는 절대 소리 지르지 않지, 그치?

2. 그녀는 절대 거짓말하지 않았었지, 그치?

10

laugh at
~를 비웃다

1. 그들은 나를 비웃고 있는 중이었지, 그치?

2. 너 나를 비웃는 중이지, 그치?

11

add
추가하다

1. 미첼은 항상 설탕을 더 넣지, 그치? (more)

2. 그들은 그 수프에 소금을 더 넣고 있는 중이지, 그치?

12

vote
투표하다

1. 그들은 매년 투표하지, 그치?

2. 그는 지난번에 투표했지, 그치? (last time)

13

bother
괴롭히다

1. 노아는 너를 괴롭히고 있는 중이었지, 그치?

2. 나는 지금 너를 괴롭히는 중이 아니지, 그치?

14

go out
외출하다

1. 그들은 매 주말에 외출하지, 그치?

2. 우리는 곧 외출할 거지, 그치?

15

doze off
졸다

1. 나 방금 조는 중이었지, 그치? (just) (현재진행사용)

2. 그들은 항상 졸지, 그치?

1　우리는 벌써 이 책의 2/3을 공부했어.

2　미첼은 항상 설탕을 더 넣지, 그치? (more)

3　너 왜 나를 놀리는 중이야?

4　나 방금 조는 중이었지, 그치? (just) (현재진행 사용)

5　쟤네는 항상 말다툼 하는 중 아니야?

6　너 죄책감 안 느껴?

7　누가 속삭이는 중이었어?

8　나는 내일 일찍 떠날 예정이야. (early)

9　그녀가 너를 괴롭히는 중이었니?

10　2억 5천만 년 전에 공룡들이 여기 살았어. (Dinosaurs, ago)

11　너네 어제 샌드위치 십만 개 팔았어?

12　그들은 매 주말에 외출하지, 그치?

13　나 밤 안 샐 예정이야.

14　어떻게 우리가 1000억 개의 뉴런을 사용할 수 있겠어? (neurons)

15　너 왜 나 놀리는 중이었는데?

16　노아는 너를 괴롭히고 있는 중이었지, 그치?

17 이 음식은 100억 명을 구할 거야.

18 너 왜 처신 똑바로 안 할 건데?

19 미쳴이 나와의 약속을 취소할 예정이래.

20 일론 데스크는 332조 원 있대.

21 그녀가 너를 찰 예정이래?

22 나 이번 달에 1500만 원 벌었어!

23 나는 내 딸한테 천 개의 장난감 사줬어.

24 나는 보증금으로 2억 원을 냈어. (for the deposit)

25 헤일리는 나를 괴롭히는 중이 아니었어.

26 그들은 나를 비웃고 있는 중이었지, 그치?

27 너 조는 중이었어?

28 너 왜 손톱 안 다듬을 예정인데?

29 나 아무것도 예약 안 했어.

30 너 진짜 가방 200개 가지고 있어?

31 저희가 9990만 개의 아이폰을 무료로 드릴게요! (for free)

32 너 누군가한테 문자하는 중이잖아. (someone)

33 헤일리가 저녁 요리하기로 결정했어.

34 나 너한테 거짓말하는 중 아니야.

35 내가 너를 위해 좀 남겨둘게.

36 너 누구랑 점심 먹는 중이야?

37 그녀는 매일 그녀의 남동생을 꼬집어, 그치?

38 우리는 매일 헬스장 가.

39 너희 어머님이 너한테 2백만 원 주셨어?

40 그녀는 왜 컴퓨터로 영화를 보는 중이야? (on)

41 나는 나 안 꼬집어.

42 나 이거 9만9천900원에 샀어.

43 그녀는 저 영화 400번 봤대. (times)

44 한국은 586만 마리의 강아지를 가지고 있어.

45 너 나를 기다리는 중이었어?

46 나 비트코인 1조 개 있다!

47 우리가 3.5를 뺄 수 있을까? (subtract)

48 그들은 말다툼 하는 중이 아니야.

49 누가 저녁을 걸러?

50 미첼이 저 빌딩 28억 원 주고 샀대. (for)

51 우리는 올해 80억 개의 차를 팔았어요.

52 나 투표했어.

53 노아는 우리 모두를 놀리는 중이야. (all of us)

54 그들은 항상 뭔가를 축하하지, 그치? (all the time)

55 그 회사는 100억 원을 투자했어.

56 너 나를 놀리는 중이었어?

57 나는 아침에 일하는 걸 선호해.

58 우리는 2/5의 시간을 절약했어. (our time)

59 그가 나를 공항에 데려다줄까?

60 내가 그거 처리할게.

61 그들은 그 집을 청소기돌리는 중이었지, 그치?

62 내가 그 문제를 해결하려고 시도하는 중이었어.

63 왜 쟤네는 이 시간에 청소기를 돌리는 중이지? (at this time)

64 나 너한테 얘기하는 중 아니야.

65 너 2천 원 낼 수 있어?

66 헤일리는 거의 매일 너한테 전화하지, 그치?

67 나 이 아파트 30억 원에 샀어. (apartment)

68 나 다음 달에 직장 그만둘 거야.

69 그들이 나한테 소리치는 중이었다고?

70 이 영화는 10억 달러를 벌었대.

71 미첼은 작년에 백 권의 책을 읽었어.

72 K-pop이 작년에 5조 원 벌었대.

73 너 왜 나한테 거짓말 하는 중이니? (to)

74 왜 그녀가 그 질문에 대답하는 중이었는데?

75 노아는 천만 명의 팬을 가지고 있어.

76 그들은 물 한 잔 마셨어.

77 누가 그 문제를 해결하려고 시도하는 중이었어?

78 그들이 뭐를 비웃는 중이었는데?

79 너네 어디서 점심 먹는 중이야?

80 그들은 깔깔 웃는 중이었어.

81 노아는 절대 소리 지르지 않지, 그치?

82 그들은 매년 투표하지, 그치?

83 우리 어제 샌드위치 십만 개 만들었어.

84 그녀는 거의 외식 안 하지, 그치?

85 우리는 작년에 1억 명의 사람들을 도왔습니다.

86 너 나한테 거짓말 하는 중이니?

87 그녀는 쉽게 살 안 찌지, 그치?

88 나는 전화로 얘기하는 중이야. (on the phone)

89 너 누구 기다리는 중이었어?

90 나 숙제하는 중이 아니야.

91 우리는 이 영화의 3/10 봤어.

92 그녀는 언제 낮잠 자?

93 엄마가 나한테 백만 원 주셨어.

94 헤일리는 머물기로 결정했어, 그치?

95 그녀는 하루 종일 너에게 잔소리하는 중이었지, 그치? (all day)

96 나는 별들을 보는 중이야. (the stars)

97 나 이것에 98만 원 내고 싶지 않아. (for this)

98 나 조는 중이었어.

99 그들은 왜 속삭이고 있었어?

100 그들은 너한테 소리치는 중이었어. (at you)

숫자 읽기 (2)

Unit 1 전화번호, 방 번호

전화상에서 숫자에 관한 정보를 이야기 할 때에는 정확하게 말해야 상대방이 알아듣기 편하겠죠. 전화번호는 이야기 할 때는 한 자리씩 읽습니다. 0은 알파벳 'o'와 비슷하게 생겨서 'oh'라고 읽을 수도 있고 'zero'라고 읽을 수도 있습니다.

예를 들어, 전화번호가 060-1234-5567이라면 이렇게 읽습니다.

"Oh/zero six oh/zero, one two three four, five five six seven"

지역번호는 area code라고 먼저 말한 뒤, 숫자를 읽으면 되는데 사실 상대편이 먼저 지역번호(area code)를 묻지 않는 경우에는 'area code'라고 말하는 것을 생략하고 바로 번호를 읽기도 합니다.

방 번호의 경우는 room을 먼저 읽고 세 자리는 한 자리, 두 자리로 나눠서 읽습니다. 112호는 1층 12호이기 때문에 "one twelve"로 읽고, 215호는 2층 15호이기 때문에 "two fifteen"으로 읽습니다. 네 자리 이상의 번호도 앞쪽 두 자리, 뒤쪽 두 자리로 끊어 읽습니다. 예를 들어, 1024호는 10층 24호이기 때문에 "ten twenty-four"로 읽습니다.

참고로 이름을 이야기 할 때에는 스펠링이 헷갈릴 수 있을 경우 각 글자를 쉽게 연상할 수 있는 단어로 설명합니다. 특히 전화나 화상 통화 같은 상황에서 발음이 비슷한 글자들, M과 N 혹은 B와 P를 구분하는 데 흔하게 사용됩니다. 사실 이것은 군사 통신에서 사용되는 음성 문자를 기반으로 하지만 실생활에서는 떠올리기 쉬운 친숙한 단어를 사용해도 됩니다.

군사 기반(NATO) 음성 문자로 Noah를 이야기 한다면 N as in November, O as in Oscar, A as in Alpha, H as in Hotel이 되겠지만 일상생활에서 떠올리기 쉬운 N as in Nail, O as in Orange, A as in Apple, H as in Home이라고 이야기해도 무방합니다.

여기서 as in은 ~의 의미로, ~의 느낌으로라는 뜻입니다.

Unit 2 시계

시간을 읽는 방법은 두 가지가 있습니다. 예를 들어 8:45을 읽을 때, 두 가지 방식으로 표현할 수 있습니다.

ⓐ 여덟시 사십오 분	ⓑ 아홉시 십오 분 전

이렇게 읽을 수 있겠죠. 영어도 마찬가지로 두 가지 방법으로 읽을 수 있습니다.

ⓐ 시간과 분을 따로 읽기	ⓑ past, to를 넣어서 읽기

ⓑ의 방법으로 읽을 때는 분을 먼저 읽어주시면 됩니다.

1분에서 30분 사이의 시간을 말할 때는 "past"를 사용하여 "몇 분이 지난" 시간으로 표현합니다. 이때 분을 먼저 말하고, 그 다음에 시간을 읽습니다. 15분이나 30분은 각각 a quarter, a half로 나타냅니다.

7:05는 Five past seven 즉, 5분 지난 7시,

7:15는 A quarter past seven 즉, 15분 지난 7시,

7:30는 A half past seven 즉, 30분 지난 7시라고 이야기합니다.

반면, 31분에서 59분 사이의 시간은 남은 시간을 "다가오는 다음 시간 전" "to"라는 표현으로 읽습니다.

7:45는 A quarter to eight 즉, 15분 전 8시,

7:55는 Five to eight 즉, 5분 전 8시라고 이야기할 수 있습니다.

'정각에'라는 표현을 쓰고 싶을 때는 시간 뒤에 sharp를 넣어주시면 정각에라는 표현을 할 수 있습니다. 뾰족한 시계바늘이 정각을 "딱" 가리키고 있는 느낌입니다.

'~쯤에'라는 표현을 쓸 때에는 -ish를 사용할 수 있습니다. -ish를 시간 뒤에 붙이면 ~쯤에, ~정도에라는 뜻이 됩니다.

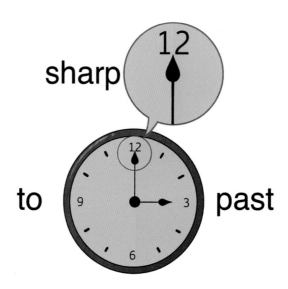

Unit 3 온도

섭씨는 Celsius라고 읽고 화씨는 Fahrenheit로 나타냅니다. 온도는 숫자 뒤에 degree를 붙여서 읽으며, 1도일때는 단수(degree) 0도일 때는 복수(degrees)로 사용합니다. 섭씨의 경우 "degrees Celsius"로, 화씨의 경우 "degrees Fahrenheit"로 읽습니다. 영하의 경우 minus로 읽으시면 됩니다.

대부분의 나라에서는 섭씨를 사용하지만 미국은 주로 화씨를 사용합니다. 참고로 섭씨 0도는 화씨 32도입니다.

예를 들어, 한국의 여름 평균 기온은 섭씨 27도, 화씨로는 80.6도입니다. 반면, 한국 겨울의 평균 기온은 섭씨 -2도, 화씨로는 28.4도입니다.

'~도에서'라고 이야기 할 때에는 at을 붙여 나타냅니다.

연도 읽기

2000년 전까지는 두 자리씩 끊어서 읽습니다. 그래서 1900년은 nineteen hundred라고 읽습니다. 1991년은 nineteen ninty-one으로 읽을 수 있겠죠.

2001년부터 2009년까지는 숫자 그대로 읽을 수도 있고 and를 중간에 넣어서 읽을 수도 있습니다. 예를 들어 2002년이라면 two thousand two라고 읽을 수도 있고 two thousand and two로 읽을 수도 있습니다. 2010년 이후의 연도는 앞의 두 자리와 뒤의 두 자리를 나누어 읽는 것이 일반적입니다. 하지만 그대로 이어서 이야기할 수도 있어요. 그래서 2012년은 twenty twelve로 읽을 수도 있고 숫자 그대로 two thousand twelve나 two thousand and twelve로 읽어도 무방합니다.

또한, 특정 ~년대를 말할 때는, 연도의 앞 두 자리에 the를 붙이고, 뒤에 -s를 추가해 표현합니다. 예를 들어, 1990년대는 the 1990s라고 쓰고 the nineteen nineties 또는 뒤에만 읽어서 the nineties 라고 읽습니다. 마찬가지로, 2000년대는 the 2000s라고 쓰고 the two thousands라고 읽으며 2010 년대는 the 2010s라고 쓰고 the twenty tens라고 말합니다.

연도 앞에는 in을 붙여 나타냅니다.

참고)

나이를 이야기할 때는 두 가지 방식으로 표현할 수 있습니다. 나이를 직접 말하고 싶다면, "I'm __ years old."라고 말합니다. 혹은 나이를 정확히 밝히지 않고 나이대를 말하고 싶을 때는, I'm in my early/mid/late를 말한 뒤 연도의 뒤에 -s를 붙여 이야기 합니다. 그래서 "나는 20대 초반이야."라고 말할 때는 "I'm in my early 20s."라고 이야기를 합니다.

1

전화번호, 방 번호

1. 너 010-123-2477으로 전화해줄 수 있어?

2. 그들은 112호에 살아.

3. 나 030-257-3914로 문자 보냈어.

4. 우리는 215호를 예약했어.

5. 그들은 203호에 머무는 중이야.

6. 제 이름은 케이트입니다. K는 _____, A는 _____, T는 _____, E는 _____입니다.

7. 그의 이름은 존이에요. J는 _____, O는 _____, H는 _____, N은 _____입니다.

2

시계

1. 우리 11시 15분 전에 수업 있어.

2. 그 가게는 10시 정각에 열어.

3. 그 회의는 8시 15분에 시작해.

4. 우리 3시 1분 전에 만날 수 있어?

· · · · · · · · · · · · · · **tips!**

시간표에 나와있는 미래는 현재 시제로 나타냅니다.

5. 그녀는 항상 7시 쯤에 일어나.

6. 우리는 9시 30분에 떠날 예정이야.

7. 6시 15분 전에 만나자.

3

온도

1. 물은 섭씨 100도에서 끓어. (boil)

2. 얼음은 섭씨 0도에서 녹아. (melt)

3. 밖이 화씨 35도처럼 느껴져. (feel like)

4. 그 오븐은 섭씨 220도까지 데워져. (heat up to)

5. 온도가 화씨 40도까지 올라가. (rise to)

tips!

과학적인 사실은 현재 시제로 나타냅니다.

온도는 비인칭 주어 it 을 사용합니다.

6. 그 냉동고는 음식을 섭씨 –18도에서 유지해. (freezer, keep)

4

연도 읽기

1. 그들은 2003년에 여기로 이사 왔어.

2. 그는 1997년에 그의 사업을 시작했어?

3. 나는 2024년에 학교를 마쳤어.

4. 그들은 1700년대에 그 집을 지었어.

5. 나는 20대 초반이야. (I'm)

6. 그녀는 30대 중반이야?

7. 그는 40대 후반이야.

We booked a room
two fifteen.
우리는 215호를 예약했어.

I'm in my early
twenties.
나는 20대 초반이야.

수량 형용사

이번 챕터에서는 수량을 나타낼 수 있는 표현을 학습하도록 하겠습니다. 수량 형용사는 명사 앞에 위치하여 수량을 나타내며, 셀 수 있는 명사와 셀 수 없는 명사에 따라 다른 형용사를 사용해야 합니다.

'many'와 'much'는 모두 '많은'이란 뜻이에요. 'many'는 셀 수 있는 명사와 함께 쓰고, 'much'는 셀 수 없는 명사와 함께 씁니다. "She bought many apples"는 '그녀는 많은 사과를 샀어.'라는 의미로, 셀 수 있는 명사 'apples'와 함께 사용하고 또 다른 예로 "He drank much water"는 '그는 많은 물을 마셨어.'라는 의미로, 셀 수 없는 명사 'water'와 함께 사용됩니다.

'a lot of'도 'many'와 'much'처럼 '많은'이라는 의미인데 이 단어는 셀 수 있는 명사와 셀 수 없는 명사 모두와 사용될 수 있어요. 가장 활용 빈도가 높은 표현입니다.

'less'는 '더 적은'이란 뜻으로, 주로 셀 수 없는 명사와 함께 씁니다. "I want less sugar in my coffee."(저는 커피에 설탕을 더 적게 원해요.)

'few'와 'little'은 둘 다 '거의 없는', '아주 적은'이란 뜻이에요. a가 없는 'few'와 'little'은 부정적인 느낌을 전해줘요. 'few'는 셀 수 있는 명사와, 'little'은 셀 수 없는 명사와 사용합니다. "Few people came to the party."(거의 없다시피 한 사람들이 파티에 왔어. = 파티에 사람들이 거의 안 왔어.)

"I have little money."(나는 돈이 거의 없어.)

'a few'와 'a little'은 저는 '쫌'이라고 해석해요. '쫌'은 맞춤법에 어긋나지만, 상황의 뉘앙스와 감정을 더욱 생생하게 전달할 수 있어서 저는 '쫌'이라고 해석합니다. 'a'는 긍정의 아이콘이에요. 그래서 'a'가 있으면 긍정적인 의미를 가져요. 마찬가지로 'a few'는 셀 수 있는 명사와, 'a little'은 셀 수 없는 명사와 사용합니다. "I have a few friends."(나 친구 쫌 있어.) "I have a little money."(나 돈 쫌 있어.) 어때요? '쫌'이라고 해석하니까 긍정적으로 들리죠?

	셀 수 있는 명사	셀 수 없는 명사
부정	few	little
긍정	a few	a little

96

'all'과 'every'는 '모든'이란 뜻이에요. 'all'은 복수명사와 셀 수 없는 명사 둘 다 사용할 수 있고, 'every'는 단수 명사와 씁니다. 그래서 동사도 단수동사를 사용해 주셔야 해요.

예: "All students wear uniforms."(모든 학생들은 교복을 입어.) "Every student wears uniforms."(모든 학생들은 교복을 입어.) 위의 예문처럼 every 뒤에는 단수명사와 단수동사가 온다는 사실을 꼭 기억해 주세요.

'most of'는 '~의 대부분'이란 뜻이에요. 특정 집단이나 전체에서 대부분을 나타낼 때 사용됩니다. "I ate most of the cake."(내가 대부분의 케이크를 먹었어.) 이렇게요.

'some'은 긍정문과 권유문, 요청문에서 '몇몇의'란 뜻으로 쓰이고, 'any'는 부정문에서 '조금도' 의문문에서는 '몇몇의'라는 의미로 사용됩니다. "She brought some cookies."(그녀는 몇 개의 쿠키를 가져왔어)라는 의미로, 이렇게 'some'은 긍정문에서 사용됩니다. 혹은 "Can you give me some advice?"(나에게 조언을 좀 해줄 수 있어?)처럼 요청할 때 사용해요. 반면에 'any'는 "Do you have any questions?"(질문이 있나요?)처럼 의문문에서 사용됩니다. 또한 "She doesn't have any question."(그녀는 조금도 질문이 없어)처럼 부정문에서 사용됩니다.

'no'는 '~없는'이라는 의미로, 보통 have와 함께 부정적인 의미를 강조할 때 사용합니다. "He has no friends."는 '그는 친구가 없다'는 뜻이에요.

1

many
많은
+ 셀 수 있는 명사

1. 많은 사람들이 이번 달에 그들의 연차를 사용하는 중이야. (annual leaves)

2. 많은 상점들이 월요일엔 열지 않아.

3. 나는 내 결혼식으로 많은 사람들을 초대했어.

4. 미첼은 올해 많은 병가를 사용했어. (sick leaves)

5. 나는 많은 드레스를 빌릴 예정이야.

2

much
많은
+ 셀 수 없는 명사

-------- tips!
돈(시간)을 쓰다
spend 의 과거형은
spent입니다.

1. 제시카는 주식에 많은 돈을 투자하기로 결정했어.

2. 우리는 우리의 결혼식에 많은 돈을 썼어. (on)

3. 그는 많은 살이 찌지 않을거야.

4. 우리는 많은 소금을 사용하지 않아.

5. 그녀는 많은 물을 마시지 않아, 그치?

3

a lot of
많은

1. 미첼은 많은 음식을 먹었어.

2. 우리는 그 공원에서 많은 새들을 보았어.

| + 셀 수 있는 명사 / 셀 수 없는 명사 | 3. 우리는 그 장례식을 위해 많은 돈이 필요하지 않아. (funeral) |

4. 그가 많은 살을 빼지 않았어.

5. 우리는 오늘 일이 많아.

4
less
덜

1. 그들은 그들의 신혼여행에 돈을 덜 썼어. (on)

2. 그는 오늘 커피를 덜 마셨어.

3. 우리는 올해 세금을 덜 냈어.

4. 나는 나의 건강을 위해 설탕을 덜 먹기로 결정했어.

5. 노아는 이제 고기를 덜 먹어.

5
few
아주 적은, 거의 없는
+ 셀 수 있는 명사

1. 소수의 사람들만 야근했어. (work overtime) (=거의 야근 안했어)

2. 소수의 사람들만 그 답을 알아. (=답을 거의 몰라)

3. 소수의 학생들만 그 시험에 통과했어. (pass) (=거의 통과 못했어)

4. 나는 소수의 친구가 있어. (=나는 친구가 거의 없어)

5. 그녀는 보통 아주 적은 몇 개의 오렌지를 산대. (=거의 안 산대)

6

a few

쫌
+ 셀 수 있는 명사

1. 우리 냉장고에 계란 쫌 갖고 있나? (in the fridge)

2. 그는 셔츠 쫌 샀어.

3. 친구들 몇 명이 우리 집에 오늘 밤에 올 예정이야.

4. 나 그녀에게 책 쫌 빌려줄 거야.

5. 우리는 이번 주말에 계획이 쫌 있어.

7

little

아주 적은, 거의
없는
+ 셀 수 없는 명사

1. 미첼은 돈을 아주 적게 저축한대. (= 거의 저축하지 않아)

2. 나는 보통 아주 적은 커피를 마셔. (= 거의 마시지 않아)

3. 나는 대구에서 아주 적은 (내리는) 눈을 보았어. (= 거의 보지 않았어)

4. 그녀는 일 끝나고 시간이 아주 적게 있어. (= 거의 없어)

5. 그들은 나한테 버터를 아주 적게 줬어, 그 빵이랑. (= 거의 주지 않았어)

8

a little

쫌
+ 셀 수 없는 명사

1. 나 시간이 쫌 더 필요해. (more)

2. 헤일리는 그 수프에 소금을 쫌 추가했어.

3. 나는 커피를 쫌 원해.

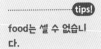

food는 셀 수 없습니다.

4. 그들은 음식을 쫌 가져왔어, 그들과. (with them)

5. 그는 방금 물을 쫌 마셨어. (just)

9

all
모든
**+ 복수명사 / 셀 수
없는 명사**

1. 모든 사람들이 그 결혼식을 즐겼어.

2. 내가 그 모든 음식을 먹었어.

3. 미첼이 그 모든 질문들에 대답했어.

4. 그들은 그 모든 규칙들을 이해했어?

5. 그녀는 그 모든 계산서를 냈어.

10

every
모든
+ 단수명사

same은 무조건 the same으로 사용합니다.

1. 그는 모든 문제를 해결했어.

2. 모든 학생들이 그를 놀렸어.

3. 모든 차들이 나한테는 똑같이 보여. (to me)

4. 너는 밤에 모든 창문을 잠가야해. (lock)

5. 나는 모든 책을 읽었어.

11

most of
대부분의~
+ 명사

1. 나는 그들의 대부분을 이해했어.

2. 그가 그 피자의 대부분을 다 먹었어.

3. 그들은 그들의 대부분의 돈을 벌써 다 썼어. (already)

4. 제시카는 그 책의 대부분을 읽었어.

5. 그는 그의 숙제 대부분을 끝냈어.

12

some
(긍정문, 권유 /
요청) 몇몇의

1. 우리는 그들의 결혼식에서 시간을 좀 보냈어.

2. 너 커피 좀 원하니?

3. 응, 좀 원해.

4. 우리는 그들의 결혼식을 위해 돈을 좀 뽑아야 돼. (withdraw)

5. 우리는 그 쇼핑몰에서 가방 몇 개 샀어.

13

any
(부정문)
조금도, 어떠한
(의문문) 몇몇의
+ 셀 수 있는 명사
/ 셀 수 없는 명사

1. 어떠한 질문들이 있으신가요?

2. 나 돈 조금도 없어.

3. 그녀는 여기에 어떠한 친구도 없어.

4. 너 무슨 도움 필요해?

5. 너 무슨 문제들 찾았어?

14
no
+ 단수명사 /
복수명사
~없는

1. 우리 냉장고에 계란 없어!

2. 나는 딸이 세 명 있는데 근데 아들들은 없어. (but)

3. 나는 시간이 없어.

4. 우리는 자리들이 없습니다. (seat)

5. 나 문제들 없어.

We have a lot of work today.
우리는 오늘 일이 많아.

I ate most of the pizza.
나는 대부분의 피자를 다 먹었어.

Chapter 11

조동사 should (제안)

조동사 should는 충고나 제안을 나타낼 때 사용합니다. "~하는 게 좋겠다, ~해야지, ~해야 할까, ~하지 말아야지"로 해석합니다. should는 조동사이기 때문에 부정문을 만들 때는 조동사 뒤에 not을 붙여서 만들고 의문문은 조동사를 문장 앞에 꺼내서 만듭니다.

부정의문문을 만들 때는 should not을 반드시 줄인 형태로 사용합니다.

부정 의문문
Shouldn't I
Shouldn't we / Shouldn't you / Shouldn't they
Shouldn't he / Shouldn't she / Shouldn't it
Shouldn't my friends / Shouldn't the teachers...
Shouldn't my mom / Shouldn't the boy...

1

get a haircut
머리를 자르다

1. 그는 머리를 자르지 않는 게 좋겠어.

2. 너는 머리를 자르는 게 좋겠다.

3. 내가 언제 머리를 자르는 게 좋을까?

4. 너는 면접 전에 머리를 자르는 게 좋을 거야. (before the interview)

5. 그럼, 내가 어디서 머리를 자르는 게 좋을까? (then)

2

wake up
일어나다

1. 우리는 내일 일찍 일어나는 게 좋겠어.

2. 우리가 몇 시에 일어나는 게 좋을까?

3. 우리는 너무 늦게 일어나지 않는 게 좋을 거야. (too late)

4. 우리 8시에 일어나는게 좋지 않을까?

5. 아냐, 우리는 6시쯤에 일어나는 게 좋을 거야.

3

invest in
~에 투자하다

1. 너는 주식에 투자하는 게 좋겠어. (stocks)

2. 우리가 투자하는 게 좋을까?

3. 내가 무엇에 투자하는 게 좋을까?

4. 미첼은 부동산에 투자하는 게 좋을 거야. (real estate)

5. 우리는 어느 것에도 투자하지 않는 게 좋겠어.

tips!
~에라는 뜻이 있으면
in을 붙이고 없으면 in
을 붙이면 안돼요.

4

save
절약하다

1. 우리는 돈을 절약하는 게 좋겠어.

2. 너는 에너지를 절약하는 게 좋겠어.

3. 내가 왜 물을 절약하는 게 좋은데?

4. 우리는 미래를 위해 물을 절약하는 게 좋겠어. (for the future)

tips!
돈, 에너지, 물은 셀 수
없기 때문에 관사를 붙
이지 않아요.

5. 우리가 미래를 위해 돈을 절약하는 게 좋지 않을까?

5

cancel on
~와의 약속을
취소하다

1. 너는 다신 나와의 약속을 취소하지 않는 게 좋겠어. (again)

2. 우리는 그녀와의 약속을 취소하는 게 좋을 거야.

3. 왜 우리가 그녀와의 약속을 취소해야 하는 게 좋은데?

4. 그럼 왜 우리가 그녀와의 약속을 취소하는 게 좋지 않은데? (then)

5. 우리는 우리의 친구들과의 약속을 취소하지 않는 게 좋아.

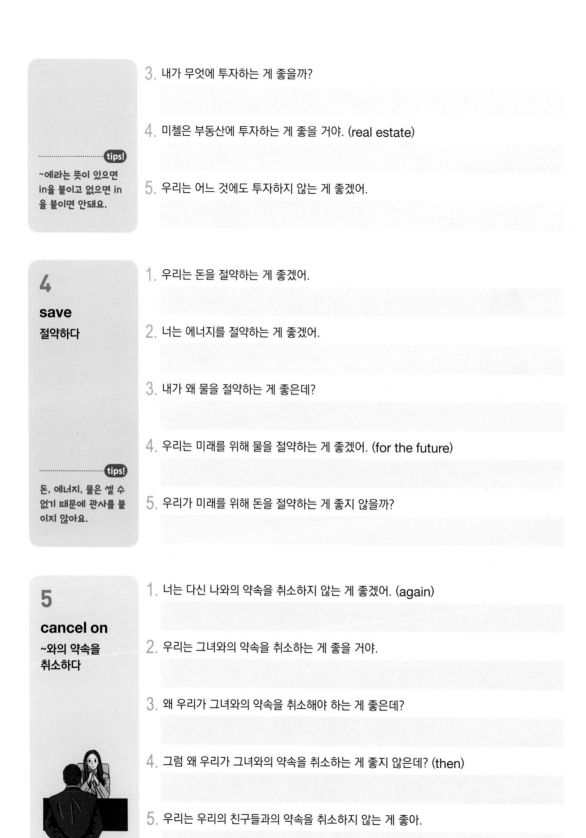

6

deal with
~을 다루다

1. 네가 이것을 다루는 게 좋겠어.

2. 내가 왜 이것을 다루는 게 좋은데?

3. 그럼 누가 이것을 다루는 게 좋을까? (then)

4. 그들이 저 남자를 다루는 게 좋겠어. (that guy)

5. 너는 저 남자를 다루는 게 좋지 않을 거야.

7

quit
멈추다

1. 너는 운동을 멈추지 않는 것이 좋겠어. (work out)

2. 그리고 너는 게임하는 것을 끊는 것이 좋겠어. (and, play)

3. 그리고 너는 카페인 끊는 것이 좋겠어. (too)

4. 내가 왜 그것들을 끊는 게 좋은데? (those)

5. 너는 너의 건강을 위해 그것들을 끊는 게 좋겠어.

8

decide
결정하다

1. 우리가 지금 결정하는 게 좋을까?

2. 너희는 지금 결정하지 않는 게 좋겠어.

3. 근데, 우리는 곧 결정하는 게 좋을 텐데. (But, soon)

4. 너는 혼자 결정하지 않는 게 좋겠어. (alone)

5. 내가 누구랑 결정하는 게 좋을까?

9

get in touch with
~와 연락하다

1. 나 그녀와 연락을 하는 게 좋겠어.

2. 우리는 그녀와 연락을 하지 않는 게 좋겠어.

3. 왜 우리가 그녀와 연락을 하지 않는 게 좋을까?

4. 너는 그와 연락을 하는 게 좋겠어.

5. 우리가 그녀랑 연락을 하는 게 좋을까?

10

hit the gym
헬스장에 가다

1. 우리가 언제 헬스장에 가는 게 좋을까?

2. 우리가 지금 헬스장에 가는 게 좋을까?

3. 우리는 지금 헬스장에 가지 않는 게 좋겠어.

4. 우리는 왜 지금 헬스장에 가지 않는 게 좋겠어?

5. 우리는 그랑 같이 헬스장에 가는 게 좋겠어.

조동사 might (약한 추측)

might는 미래에 일어날 가능성이 낮은 상황을 추측할 때 사용됩니다. might는 가능성이 낮은 30% 정도입니다. might 역시 조동사이기 때문에 앞의 조동사의 부정문과 의문문을 만드는 방법과 같은 방법으로 만들면 됩니다. 부정문을 만들 때는 might 뒤에 not을 붙여서 만들고, 축약형으로 mightn't를 사용할 수 있습니다. might의 축약형은 그렇게 흔한 표현은 아니에요. 의문문을 만들 때는 might를 문장 앞에 꺼내서 만듭니다. 하지만, 현대 영어에서는 거의 사용하지 않습니다. might로 질문하는 건 아주 오래된 느낌(몇 백 년 전 느낌)을 주기 때문이에요. 그러나 오래된 영화나 미디어에서 이러한 표현이 나올 수 있으므로 기억해 둔다면 영화를 볼 때 도움이 될 거에요.

Noah might buy me a 3 million won laptop.
노아가 나에게 300만 원짜리 노트북을 사줄지도 몰라.

1

look for

~을 찾다(찾는 과정에 초점)

1. 나 새로운 직장을 찾을지도 몰라. (job)

2. 우리는 새로운 집을 안 찾을지도 몰라.

3. 그들은 파트너 하나를 찾을지도 몰라.

4. 제시카는 해결방안을 안 찾을지도 몰라. (solution)

2

lend

(대가 없이) 빌려주다

1. 그는 나한테 돈을 안 빌려줄지도 몰라.

2. 헤일리는 나한테 돈을 빌려줄지도 몰라.

3. 나는 내 아들에게 이번 주말에 내 차를 빌려줄지도 몰라.

4. 우리 엄마는 나한테 이번 주말에 그녀의 차를 빌려줄지도 몰라.

3

rent

(대가를 지불하고) 빌리다

1. 나 결혼식을 위해 드레스를 빌릴지도 몰라. (for the wedding)

2. 그는 결혼식을 위해 장소를 빌릴지도 몰라. (a place)

3. 우리는 차를 안 빌릴지도 몰라.

4. 그녀는 집을 빌리지 않을지 몰라.

4

get a medical check-up
건강검진을 받다

1. 나는 다음 주에 건강검진을 받을지 몰라.

2. 그는 이번에 건강검진을 안 받을지 몰라. (this time)

3. 그들은 올해 건강검진을 받을지 몰라.

4. 그는 매년 건강검진을 안 받을지 몰라.

5

buy
사다

1. 우리는 1,000개의 샌드위치를 살지도 몰라.

2. 노아는 300만 원짜리 노트북을 살지도 모른다. (laptop)

3. 그들은 5억 원짜리 집을 사지 않을지도 모른다.

4. 그녀는 9조 원짜리 회사를 사지 않을지도 모른다.

6

text
문자하다

1. 제시카가 일 끝나고 너한테 문자 보낼지도 몰라.

2. 그는 너한테 답장 안할지도 몰라. (back)

3. 나 오늘 밤 모두에게 문자를 보낼지도 몰라.

4. 그들은 우리한테 문자 안할지도 몰라.

7

give it a try
한 번 시도 해 보다

1. 나 한번 시도해 볼지 몰라.

2. 그들은 확인하려고 한번 시도해 볼지 몰라. (to check)

3. 나 시도해 보지 않을지 몰라.

4. 우리는 시도해 보지 않을지 몰라.

8

fast
금식하다

1. 그녀는 다음 주에 금식할지도 몰라.

2. 나는 오늘 금식하지 않을지도 몰라.

3. 노아는 이번 주에 금식하지 않을지도 몰라.

4. 그들은 일주일 동안 금식할지도 몰라. (for)

9

recognize
알아보다,
인식하다

1. 그녀가 우리를 알아볼지도 몰라.

2. 아냐, 그녀는 우리를 못 알아볼지도 몰라.

3. 우리 쌤은 내 손글씨를 알아보실지도 몰라. (handwriting)

4. 이거? 그는 너의 손글씨를 못 알아보실지도 몰라.

10
trim
다듬다

1. 나는 내일 머리 다듬을지도 몰라.

2. 미첼은 머리를 평생 안 다듬을지도 몰라! (forever)

3. 그녀가 거기서 앞머리를 다듬을지도 몰라. (bangs, there)

4. 나는 거기서 앞머리를 안 다듬을지도 몰라.

I might not buy one hundred(100) thousand won shoes.
나는 10만 원짜리 신발을 사지 않을지도 몰라.

I might trim my hair tomorrow.
나는 내일 머리 다듬을지도 몰라.

다른 사람 말 옮기기

이 챕터에서는 다른 사람의 말을 옮기거나 자신의 생각을 표현하는 법을 학습해 보도록 하겠습니다.

"I think"는 자신의 의견을 표현할 때 자주 사용되는 표현입니다. "내 생각에는", "~인 것 같아"로 해석해요. "I think he plays the piano well."(나는 그가 피아노를 잘 치는 거 같아.)라고 말할 수 있죠. 이 표현은 아래에 나오는 표현들보다 더 강한 느낌이 들어요.

"I don't think"는 부정적인 의견이나 생각을 나타낼 때 사용됩니다. "나는 ~라고 생각 안 해", "~가 아닌 것 같아"로 해석합니다. 이 표현은 보통 상대방의 의견에 동의하지 않을 때 사용합니다. 이 문장에는 이미 부정표현이 있기 때문에 유의해서 사용해야 합니다. "I don't think she likes coffee."(그녀가 커피를 좋아하지 않는 것 같아.) 이렇게 사용할 수 있어요.

확실하지 않은 상황에서는 "I guess"를 사용해 가벼운 추측을 할 수 있어요. "~인 것 같아", "~인가봐"의 의미로 사용합니다. 이 표현은 확신이 없을 때 사용합니다. "I guess he lost his keys again."(그가 또 열쇠를 잃어버렸나봐.)이라고 말하는 거죠.

"I bet"은 거의 확신하는 상황에서 사용됩니다. 'bet'은 '돈을 걸다'라는 뜻인데 돈을 걸 만큼 확신하는 상황에서 사용할 수 있습니다. "나 거의(90%) 확신해"라고 해석이 됩니다. "I bet she'll pass the test."(그녀가 시험에서 통과할거라고 확신해.)라고 말할 수 있어요.

"I guarantee"는 완전히 확신할 때 사용할 수 있는 표현입니다. 'guarantee'는 '보증하다'라는 뜻으로 내가 보증할 수 있을 만큼 확신한다는 강한 표현입니다. "나 완전(100%) 확신해"로 해석할 수 있어요. "I guarantee you'll love this movie."(나 네가 이 영화를 좋아할 거라고 완전 확신해.)처럼요.

"I know"는 우리가 확실히 알고 있는 사실을 말할 때 "나는 알아"라는 뜻으로 사용해요. "I know he can speak English."(나는 그가 영어 말할 수 있는 거 알아.)라고 쓸 수 있습니다.

"You know"는 "알잖아", "너도 알지?"라는 뜻으로, 상대방도 알 거라고 생각할 때 써요. 이 표현은 공감을 유도하거나 상대방의 이해를 돕기 위해 자주 사용됩니다. "You know I love you."(알잖아 내가 너 사랑하는거.) 이렇게 이야기할 수 있습니다.

"I can't believe"는 "~라니 믿을 수 없어!"라는 뜻으로, 놀랐을 때 사용해요. "I can't believe I passed the test!"(내가 시험에 통과하다니 믿을 수 없어!)처럼 믿기 힘든 놀라운 일을 이야기 할 때 사용할 수 있어요.

"[주어] said"는 다른 사람이 한 말을 간접적으로 전달할 때 사용됩니다. "[누군가]가 ~라고 말했어"라고 해석합니다. 직접적으로 나에게 말하지 않고 정보를 전달했을 때에 사용할 수 있습니다. "She said she might call you."(그녀가 너한테 전화할지도 모른다고 말했어.)처럼 사용할 수 있습니다.

"[주어] told me"는 누군가가 나에게 직접 말한 내용을 전달할 때 사용해요. 그래서 "[누군가]가 나한테 ~라고 말했어"라고 해석합니다. "He told me I looked tired."(그가 나보고 피곤해 보인다고 말했어.)라고 나에게 직접 말한 정보를 전달할 수 있습니다.

1

I think

내 생각엔 ~인 것 같아(다른 것보다 좀 더 강한)

1. 나는 헤일리가 항상 너를 괴롭힌다고 생각해. (all the time)

2. 우리 내일 일찍 일어나는 게 좋을 것 같아.

3. 그녀가 오늘 우리랑 약속을 취소할지도 모를 것 같아.

4. 그들이 나를 놀리는 중인 것 같아.

5. 나는 우리가 저 문제를 다루는 게 좋을 것 같아. (problem)

2

I don't think

~아닌 것 같아

1. 그녀는 곧 결정할 예정이 아닌 것 같아.

2. 그는 이사를 할 예정이 아닌 것 같아.

3. 그녀가 나에게 문자를 보낼 예정이 아닌 것 같아.

4. 미첼은 살을 뺄 예정이 아닌 것 같아.

5. 그는 나에게 거짓말을 하는 중이 아닌 것 같아.

3

I guess

~인 것 같아 /
~인가봐 (구어체)

1. 걔네 오늘 밤에 외식할 예정인가 봐.

2. 헤일리가 나에게 거짓말을 하는 중이었나 봐.

3. 우리 일찍 떠날 예정인가 봐.

4. 그녀가 죄책감을 느꼈었나봐.

5. 나 그녀한테 투표할까봐.

4

I bet
(90%) 확신해

= I'm sure

1. 나는 헤일리가 살을 많이 뺄 거라고 확신해. (a lot)

2. 나는 그가 오늘밤 나에게 문자 보낼 예정이라고 확신해.

3. 나는 그녀가 이 갈 예정이라고 확신해.

4. 나는 그녀가 또 밤 샐 예정이라고 확신해.

5. 나는 걔네가 말다툼 할 예정이라고 확신해. 걔네 지난번에도 말다툼 했어. (last time)

5

I guarantee
(100%) 완전
확신해

1. 나 네가 이거 살 거라고 완전 확신해.

2. 나 그녀가 다시 올 거라고 완전 확신해. (again)

3. 나 그가 여자 친구 있다고 완전 확신해.

4. 나 그가 매일 헬스 간다고 완전 확신해. 쟤 팔 좀 봐! (arms)

5. 나 그가 우릴 위해 돈 낼 거라고 완전 확신해. 쟤는 항상 돈 내. (all the time)

117

6
I know
나 알아

1. 나 네가 나한테 거짓말하고 있는 중인거 알아.

2. 나 네가 요리하기 좋아하는 거 알아.

3. 나 네가 이번 주말에 짧은 여행 갈 예정인 거 알아. (go on a trip)

4. 나 내가 영어공부 해야 되는 거 알아. (have to)

5. 나 알지 네가 항상 나 도와주는 거. (always)

7
You know
너 알잖아

1. 너 우리 내일 일찍 일어나야 되는 거 알잖아.

2. 너 그가 항상 사람들 놀리는 거 알잖아.

3. 너 언제든지 나한테 문자할 수 있다는 거 알잖아. (anytime)

4. 너 그가 저 건물을 20억 원에 샀다는 거 알잖아. (for)

5. 너 그녀가 90만 명의 팔로워를 가지고 있는 거 알잖아.

8
I can't believe
나 믿을 수 없어

1. 네가 나한테 거짓말 했다는 걸 믿을 수 없어.

2. 월요일이라는 걸 믿을 수가 없다.

3. 그녀가 항상 너를 괴롭힌다는 걸 믿을 수 없어. (all the time)

4. 그가 청소기를 돌리고 있는 중이라는 걸 믿을 수가 없어.

5. 미첼이 어제 늦게 일했다는 걸 믿을 수가 없어.

9

주어 **said**
주어가 ~라고
말했어

1. 그녀가 이 비디오가 백만 조회 수를 얻었다고 말했어.

2. 그들은 그들이 10억 원을 투자했다고 말했어.

3. 그녀가 10만 개의 별을 찾았다고 말했어.

4. 그는 그가 이번 달에 2500만 원을 벌었다고 말했어.

5. 그녀는 그녀가 50만 권의 책을 팔았다고 말했어.

10

told me
~가 나한테 말했어

1. 그가 나한테 네가 그 건물을 샀다고 말했어.

2. 제시카가 나한테 네가 그녀를 못 알아볼지도 모른다고 말했어.

3. 그가 나한테 너는 나한테 돈을 빌려줄지도 모른다고 말했어.

4. 그가 나한테 우리가 같이 영화를 보는게 좋겠다고 말했어.

5. 그들이 나한테 네가 보증금으로 6500만 원을 냈다고 말했어.

장소 전치사

이번 챕터에서는 영어에서 자주 사용되는 주요 전치사들의 용법을 자세히 알아보겠습니다.

먼저 'at'은 공공기관과 그 서비스를 받는 장소, 집이나 학교, 교회 같은 특정 장소, 그리고 구체적인 위치를 나타낼 때 사용됩니다. 'at'은 과녁의 느낌을 생각하시면 돼요. 콕! 집어서 구체적이고 좁은 장소의 느낌이 들어요. 예를 들어, "She studies at the library."는 그녀가 도서관에서 공부한다는 의미로, 공공기관을 나타냅니다. 또 "He is standing at the door."는 그가 문에 서 있다는 뜻으로 구체적인 위치를 표현해요.

서울

'in'은 공간이 입체적인 경우, 탈 것 안에서 움직일 수 없거나 설 수 없는 상황, 또는 경계가 있는 공간을 표현할 때 쓰입니다. 예를 들어, "She is cooking in the kitchen."은 그녀가 주방에서 요리를 한다는 의미로, 주방이 입체적인 공간이라는 것을 나타냅니다. "He took a nap in the car."는 그가 차에서 낮잠을 잤다는 뜻으로, 탈 것 내부를 표현합니다. 여기서 설 수 없기 때문에 in을 사용하였습니다. 또한, "We live in Seoul."은 우리는 서울에 산다는 의미로, 물리적 경계가 있는 공간을 나타냅니다. 온라인 지도에 검색을 했을 때 경계가 뚜렷이 확인이 되면 in을 사용할 수 있습니다.

'on'은 탈 것 위에서 움직이거나 설 수 있는 경우, 엉덩이를 직접적으로 붙이고 타는 교통수단, 그리고 SNS 같은 화면 위에 나오는 플랫폼을 지칭할 때 사용합니다. 예를 들어, "She gets on the bus."는 그녀가 버스를 탄다는 의미로, 교통수단 위에 서 있다는 것을 나타냅니다. "He posted a photo on Instagram."은 그가 인스타그램에 사진을 올렸다는 의미로, 화면에 나오는 SNS 플랫폼을 지칭합니다.

'near'는 '~에서 가까운'이라는 의미로 사용되며, 뒤에 명사가 옵니다. 예를 들어, "I live near the park."는 나는 공원 근처에 산다는 의미로, 가까운 거리를 표현합니다.

마지막으로 'nearby'는 주로 문장 맨 끝에 위치하여 '(현재 있는 곳)근처'를 의미합니다. 그래서 near here과 똑같아요. 형용사로 사용되어 '근처에 있는~'이라는 뜻을 나타냅니다. 예를 들어, "I went to a café nearby"는 나는 근처 카페를 갔다는 의미로, 현재 있는 곳에서의 가까운 위치를 나타냅니다. "I want to go to a nearby café."라고 하면 '나는 근처에 있는 카페를 가고 싶어.'라는 의미가 돼요.

1

at

공공기관 &
서비스를 제공받는
곳 / 집, 학교, 교회
/ 구체적인 장소

1. 나 이따가 그녀를 그 은행에서 만날 거야.

2. 미첼은 호텔에서 머무는 중이야.

3. 나는 그 병원에서 일해.

4. 그 쇼핑몰에서 만나자.

5. 나는 그를 그 공항에서 만났어.

6. 우리는 그 장례식에서 속삭여야 돼. (funeral)

7. 우리는 집에서 영화 보는 중이었어.

8. 나는 나의 베프를 학교에서 만났어.

9. 그는 너를 그 문에서 기다리는 중이야.

········· tips!
집과 학교는 관사를 붙
이지 않아요!

10. 우리는 그 파티에서 저녁 먹었어.

2

in

1. 그들은 그 엘리베이터 안에서 말다툼 하는 중이었어.

2. 그는 나를 그 사무실 안에서 찾어.

공간이 입체적인
경우 / 탈 것에서
움직일 수 없는(설
수 없는) 경우 /
경계가 있는 경우

3. 나 내 방에서 밤 샜어.

4. 노아는 주방에서 요리하는 중이었어.

5. 나 너를 내 차 안에서 기다릴 예정이야.

6. 나 그 택시 안에서 낮잠 잤어.

7. 우리는 마당에서 산책했어. (yard)

8. 나는 서울에 살아.

9. 그들은 한국에 살았어.

10. 나 공원에서 내 강아지랑 노는 중이었어.

3

on
탈 것에서 움직일
수 있는(설 수
있는) 경우 /
엉덩이를 붙이고
타는 거 / 화면에
나오는 SNS

1. 헤일리는 자주 지하철에서 낮잠을 자.

2. 그는 버스에서 음악 듣는 걸 선호해.

3. 그들은 항상 비행기에서 영화를 봐. (a plane)

4. 나는 보통 기차에서 졸아.

5. 나는 자전거 위에서 자유로움을 느껴. (free)

6. 나는 보트 위에서 메스꺼움을 느껴. (sick)

7. 우리는 같은 거리에서 살아.

8. 카카오톡에 나 추가해!

9. 나 인스타그램에 사진들을 올릴 예정이야. (upload)

10. 나는 유튜브에서 뉴스를 거의 안 봐.

4

near

~에서 가까운(뒤에 명사 나옴)

= close to

1. 그들은 내 아파트 근처에 살아. (apartment)

2. 제시카는 항상 내 근처에서 점심을 먹어.

3. 우리는 가끔 우리의 사무실 근처에서 커피를 마셔.

4. 그는 그 지하철역 근처로 이사하기로 결정했어.

5. 우리는 그 해변 근처에 집을 살 예정이야.

6. 그는 창가 근처에 테이블을 예약했어, 그녀 이름으로.

7. 미첼은 그의 집 근처에서 빵을 사는 걸 선호해.

8. 우리는 강 근처에 주차했어. (river)

9. 나는 밤에 그 공원 근처에서 공부할 예정이야.

10. 노아는 그 해변 근처에서 그녀의 생일을 축하하기로 결정했어.

5

nearby
문장 맨 끝에
위치하며(현재
있는 곳) 근처
= near here
= close

1. 그녀는 근처에 살아.

2. 너 근처에 살아?

3. 나는 근처에서 학교에 다녀.

4. 나는 근처 호텔을 예약했어.

5. 근처에서 산책하자.

6. 나는 항상 근처 카페에 가.

7. 우리는 근처에서 만났어.

8. 그들은 근처에 집을 빌렸어.

9. 우리는 근처에서 차를 빌리기로 결정했어.

10. 나 근처에서 저녁 먹을 예정이야.

nearby는 형용사로 쓰여요. '근처에 있는'이라는 뜻입니다.

1. 우리는 근처에 있는 상점들에서 쇼핑해. We go shopping at nearby shops.	2. 근처에 있는 그 건물이 좋아 보여. The nearby building looks good.
3. 그는 근처에 있는 식당에서 먹기로 결정했어. He decided to eat at a nearby restaurant.	4. 그는 근처에 있는 그 공원에서 낮잠을 잤어. He took a nap in the nearby park.
5. 우리는 근처에 있는 그 카페에 갔어. We went to a nearby café.	

I feel free on the bike.
나는 자전거 위에서 자유로움을 느껴.

Jessica always eats near me.
제시카는 항상 내 근처에서 점심을 먹어.

5형식 맛보기

"나는 저 문을 열고 싶어."라는 이야기를 해 볼게요. I want to open the door. 이 문장에서는 누가 문을 열고 싶어 하고 누가 문을 열까요? 이 문장에서는 '내'가 문을 열고 싶어 하고 실제로 열 사람도 '나'입니다. 그런데 내가 문을 열고 싶지만 다른 사람이 문을 열어주길 바랄 때는 어떻게 표현할까요? 이때는 두 문장을 합쳐 볼게요.

"I want to open the door."하고 "I want you."하구요.

I want   to open the door.

+ I want you.
_____

I want you to open the door.

그러면 우리는 "I want you to open the door."라는 문장을 얻을 수 있습니다. 그래서 다른 사람이 무엇인가를 해주길 원할 때는 목적어 자리에 목적격(you, him, her 등)을 넣고, 'to' 뒤에는 원하는 동작을 나타내는 동사 원형이 옵니다.

의문문을 만들 때는 일반적인 의문문 규칙을 따릅니다. 이 문장이 현재시제의 평서문이라면 문장 앞에 do/does를 찾아서 의문문을 만들어주고 과거일 때는 did를 찾으면 됩니다. 이는 다른 일반적인 의문문 규칙과 같습니다.

그래서 "너는 내가 문 열어주길 바라니?"는 "Do you want me to open the door?"라고 물어보면 되겠죠.

부정문도 마찬가지로 "나는 네가 문을 열어주길 바라지 않아."는 "I don't want you to open the door."라고 말하면 됩니다.

이렇게 목적어 뒤에 to가 나오는 동사는 여러 개가 있지만 이번 챕터에서 학습할 단어는 다음과 같습니다.

want, tell, expect, need, remind

1

want A to
A가 ~하길 원해

1. 나는 네가 이것을 끝내길 원해.

2. 그들이 우리가 그 파티로 간식을 가져오길 원치 않는 거야? (snacks)

3. 나는 이번엔 네가 그녀의 말을 듣길 원해.

4. 너는 우리가 더 머물길 원해? 아니면 우리 지금 집에 가도 돼? (or)

5. 나는 네가 저 문제를 다루기를 원치 않았어. 너 왜 그거 했어?

6. 헤일리는 그가 그녀의 부모님을 만나길 원했어 최대한 빨리. (as soon as possible)

7. 그들은 그가 처신을 잘하길 원했고, 그리고 그는 했어. (and)

8. 나는 네가 이 번호를 기억하길 원해. 너는 언제든지 나한테 전화할 수 있어.

9. 너는 내가 그 진실을 너에게 말하길 원치 않는 거야? 알고 싶지 않아?

10. 나는 네가 나랑 같이 밤을 새길 원해, 왜냐면 너랑 공부하고 싶으니까. (because)

2

**tell A to ↔
not to**

1. 그는 그녀에게 너한테 전화하라고 말했지만, 하지만 그녀는 하지 않았어. (but)

2. 나는 너에게 나를 기다리라고 말했잖아. 거기 있어!

A 한테 ~하라고
말했어

3. 내가 너한테 7시에 다섯 명 테이블 예약하라고 말하지 않았어? 우리가 무엇을 하는 것이
좋을까?

4. 그녀가 너한테 이메일 안 보냈어? 나는 그녀에게 너한테 이메일 보내라고 말했어.

5. 나는 너에게 그녀를 놀리지 말라고 말했어. 지금 그녀가 우는 중이야.

6. 그들이 너에게 그들 말을 들으라고 말했지, 그치?

7. 너는 나에게 오지 말라고 말하는 중인 거야? 내가 왜 올 수 없는 거야?

8. 누가 너한테 단식하라고 말했어? 너는 단식하는 것이 좋지 않겠어.

9. 노아가 어제 나한테 집에 있으라고 말했지만, 하지만 나는 나갔어 어쨌든. (but,
anyway)

10. 그들이 너한테 집에 일찍 오라고 말하지 않았어? 너 뭐 하는 중이었어?

3
expect A to
A가 ~하길 예상해
/ 기대해

1. 미첼은 내가 이번 금요일에 그를 도와줄 거라고 기대하지만, 그러나 나는 늦게까지 일할
지도 몰라. (but)

2. 너는 우리가 모든 걸 이해할 거라고 기대하지, 그치?

3. 나는 네가 근처에 주차할 줄 알았어. 우리 어디 가는 중인거야?

4. 우리는 그들이 그녀의 일을 할 거라고 기대합니다. 왜냐하면 그녀는 곧 짧은 여행 갈 예정이기 때문입니다. (because)

5. 왜 나한테 소리 지르는 중이니? 너는 내가 무엇을 하길 기대했어?

6. 나는 그들이 올 거라고 기대하지 않았어. 누가 그들에게 오라고 말했어?

7. 저는 여러분이 저희에게 투자하길 기대합니다. 우리는 올해 많은 돈을 벌 것입니다.

8. 우리는 그들이 밤을 샐 거라고 기대하지 않는 게 좋을 거야. 왜냐면 그들은 오늘 아침 일찍 일어났거든. (because)

9. 우리는 그 사장님을 만날 예정이야. 나는 네가 그 파티에서 처신을 잘하길 기대해.

10. 나는 네가 좋은 레스토랑을 예약할 거라고 기대했어. 너 내 생일 어떻게 축하할 거야?

4

need A to
A가 ~하는 게
필요해

1. 미첼은 어제 내가 일하는 게 필요했지만, 그러나 나는 선약이 있었어. (but, plans)

2. 우리는 그녀가 가능한 빨리 결정하는 게 필요해. (as soon as possible)

3. 나는 네가 나를 이해하는 게 필요해. 나는 그거 지금은 못 해.

4. 그들은 어제 우리가 그들을 도와주는 게 필요했지만, 그러나 우리는 늦게까지 일했어. (but)

5. 나는 네가 이걸 처리하는 게 필요하지 않아. 내가 그거 할 수 있어.

6. 너 내가 간식 좀 가져오는 게 필요하지 않았어? 너 왜 안 먹는 중이야?

7. 너는 내가 지금 결정하는 게 필요하지, 그치?

8. 나는 네가 내 아들과 낮잠 자주는 게 필요해. 그는 자는 것이 필요해.

9. 나 곧 요리할 예정이야. 나는 네가 그 창문을 열어주는 것이 필요해.

10. 나는 그가 우리의 결혼식을 위해 장소를 빌리는 것이 필요해.

5

remind A to

A한테 ~하라고
생각나게 해 /
상기시켜주다

1. 그는 어제 나한테 그에게 문자하라고 상기시켜줬지만, 나는 잊어버렸어. (forget)

2. 너 그녀한테 그 계산서 내라고 상기시켜 줬어? 아니면 내가 그녀한테 말하는 게 좋을까? (or)

3. 그녀는 나한테 청소기 돌리라고 상기시켜줬어, 그래서 나 그거 지금 할 거야. (so)

4. 내가 너한테 그녀랑 연락하라고 상기시켜줬지, 그치?

5. 너 그한테 그녀와 이야기하라고 상기시켜줬어? 그는 그녀와 이야기하는 것이 좋을 거야.

6. 우리에게 그 계산서 내라고 생각나게 해줘. 우리는 그것을 또 놓치면 안 돼. (miss)

7. 그들이 너한테 너의 신분증 가져오라고 상기시켜줬어? (ID card)

8. 노아는 우리가 그 문을 잠그라고 상기시켜줬어. (lock)

9. 나중에 나한테 머리 자르라고 상기시켜줘. 나는 항상 잊어버려.

10. 아빠는 항상 나한테 한번 시도해 보라고 상기시키셔. 그러니까 한번 시도해 보자! (so)

I want you to remember this number. You can call me anytime.
나는 네가 이 번호를 기억하길 원해. 너는 언제든지 나한테 전화할 수 있어.

You expect us to understand everything, don't you?
너는 우리가 모든 걸 이해할 거라고 기대하는 거지, 안 그래?

1 나 거의 매일 부모님 도와드려.

2 나 어제 주스 한 모금 마셨어.

3 그가 그 수프에 소금 한 꼬집 넣었어.

4 (누군가 초인종을 누른 상황) 누가 나가볼래? (the door)

5 우리 이번 일요일에 우리의 결혼기념일 축하할 거야.

6 너 이따가 친구들 어디서 만날 예정이야?

7 그녀는 밤새지 않을 예정이야.

8 그들이 왜 말다툼하는 중이야?

9 그는 누군가를 기대하고 있는 중이었어.

10 그는 왜 졸고 있는 중이었어?

11 아무도 나를 괴롭히지 않는 중이었어. (no one)

12 그들은 9억 원을 투자했어.

13 이 비디오는 12억 조회 수를 얻었어.

14 내가 무엇에 투자해야 하는 게 좋을까?

15 우리가 미래를 위해 돈을 저축하는 게 좋을까?

16 너 그와 연락하는 게 좋겠어.

17 그들은 파트너 하나를 찾을지도 몰라. (look for)

18 헤일리는 나한테 돈을 빌려줄지도 몰라.

19 우리는 차를 안 빌릴지도 몰라.

20 그들은 올해 건강검진을 받을지 몰라.

21 나 오늘 밤 모두에게 문자를 보낼지도 몰라.

22 그들은 확인하려고 한번 시도해 볼지 몰라. (to check)

23 그녀가 우리를 알아볼지도 몰라.

24 미첼은 머리를 평생 안 다듬을지도 몰라! (forever)

25 너 010-123-9743으로 전화해줄 수 있어?

26 그들은 510호에 머무는 중이야.

27 제 이름은 Noah입니다. N는 _____, O는 _____, A는 _____, H는 _____입니다.

28 우리 11시 15분 전에 수업 있어.

29 그 가게는 10시 정각에 열어.

30 우리는 9시 30분에 출발할 수 있어.

31 6시 15분 전에 만나자.

32 얼음은 섭씨 0도에서 녹아. (melt)

33 밖이 화씨 35도처럼 느껴져.

34 그 오븐은 섭씨 220도까지 데워져. (heat up to)

35 나는 2024년에 학교를 마쳤어.

36 그들은 1700년대에 그 집을 지었어.

37 나는 20대 초반이야.

38 나는 보트 위에서 메스꺼움을 느껴. (sick)

39 우리 쌤은 내 손글씨를 알아보실지도 몰라. (handwriting)

40 이거? 그는 너의 손글씨를 못 알아보실지도 몰라.

41 그녀가 거기서 앞머리를 다듬을지도 몰라. (bangs, there)

42 그는 이번에 건강검진을 안 받을지 몰라. (this time)

43 우리는 그 장례식에서 속삭여야 돼. (funeral)

44 나 그 택시 안에서 낮잠 잤어.

45 카카오톡에 나 추가해!

46 우리는 강 근처에 주차했어. (river)

47 그는 그 지하철역 근처로 이사하기로 결정했어.

48 나는 근처 호텔을 예약했어.

49 나 근처에서 저녁 먹을 예정이야.

50 그들이 나를 놀리는 중인 것 같아.

51 나는 우리가 저 문제를 다루는 게 좋을 것 같아. (problem)

52 그는 나에게 거짓말을 하는 중이 아닌 것 같아.

53 그녀가 죄책감을 느꼈었나봐.

54 나는 그녀가 또 밤 샐 예정이라고 확신해.

55 나는 걔네가 말다툼 할 예정이라고 확신해. 걔네 지난번에도 말다툼 했어. (last time)

56 나 그가 매일 헬스 간다고 완전 확신해. 쟤 팔 좀 봐! (arms)

57 나 내가 영어공부 해야 되는 거 알아. (have to)

58 나 알지 네가 항상 나 도와주는 거. (always)

59 너 그가 저 건물을 20억 원에 샀다는 거 알잖아. (for)

60 너 그녀가 90만 명의 팔로워를 가지고 있는 거 알잖아.

61 그가 청소기를 돌리고 있는 중이라는 걸 믿을 수가 없어.

62 그는 그가 이번 달에 2500만 원을 벌었다고 말했어. (say)

63 그가 나한테 우리가 같이 영화를 보는 게 좋겠다고 말했어. (tell)

64 미첼은 올해 많은 병가를 사용했어. (sick leaves)

65 나는 많은 드레스를 빌릴 예정이야.

66 그녀는 많은 물을 마시지 않지, 그치?

67 나는 헤일리가 살을 많이 뺄 거라고 확신해. (a lot)

68 우리는 오늘 일이 많아. (a lot of)

69 나는 나의 건강을 위해 설탕을 덜 먹기로 결정했어.

70 노아는 이제 고기를 덜 먹어.

71 그는 나를 엄청 적게 태워줬어. (=거의 안태워줬어)

72 그녀는 보통 아주 적은 몇 개의 오렌지를 산대. (=거의 안 산다고)

73 나 그녀에게 책 쫌 빌려줄 거야.

74 우리는 이번 주말에 계획이 쫌 있어.

75 그녀는 일 끝나고 시간이 아주 적게 있어. (=거의 없어)

76 그들은 나한테 버터를 아주 적게 줬어, 그 빵이랑. (=거의 주지 않았어)

77 그들은 음식을 쫌 가져왔어 그들과. (with them)

78 그는 방금 물을 쫌 마셨어.

79 그들은 그 모든 규칙들을 이해했어? (all)

80 그녀는 그 모든 계산서를 냈어. (all)

81 모든 차가 나에게 똑같아 보여. (every)

82 나 모든 책을 읽었어. (every)

83 제시카는 그 책의 대부분을 읽었어.

84 그는 그의 숙제의 대부분을 끝냈어.

85 우리는 그들의 결혼식을 위해 돈을 좀 뽑아야 돼. (withdraw, some)

86 우리는 그 쇼핑몰에서 가방 몇 개 샀어. (some)

87 너 무슨 도움 필요해?

88 너 무슨 문제들 찾았어?

89 우리는 자리들이 없습니다. (seat)

90 나 문제들 없어.

91 나는 네가 저 문제를 다루지 않길 원했어. 너 왜 그거 했어?

92 헤일리는 그가 그녀의 부모님을 만나길 원했어 최대한 빨리.

93 내가 너한테 7시에 다섯 명 테이블 예약하라고 말하지 않았어? 우리 어떡하는 게 좋을까?

94 그녀가 너한테 이메일 안 보냈어? 나는 그녀에게 너한테 이메일 보내라고 말했어.

95 미첼은 내가 이번 금요일에 그를 도와줄 거라고 기대하지만, 나는 늦게까지 일할지도 몰라.

96 너는 우리가 모든 걸 이해할 거라고 기대하지, 그치?

97 너 지금 쇼핑몰에 갈 예정이니? 너 내가 너와 가는 것이 필요해? (come)

98 나는 네가 이걸 처리하는 게 필요하지 않아. 내가 그거 할 수 있어.

99 그녀는 나한테 청소기 돌리라고 상기시켜줬어, 그래서 나 그거 지금 할 거야. (so)

100 내가 너한테 그녀랑 연락하라고 상기시켜줬지, 그치?

총복습 - conversation

 Unit 1

Ⓐ 나는 네가 이것을 끝내길 원해. 나 쉬고싶거든. (rest)

Ⓑ 오케이, 그거 지금 끝낼게. 너 뭐하고 싶은데?

Ⓐ 나 커피 좀 마시고 싶어. 내 새로운 텀블러 사용하고 싶어.

Ⓑ 좋은 생각이야. 너 좋은 카페 알아? (Good idea)

Ⓐ 나 몰라. 그냥 근처에 그 카페로 가자.

Ⓑ 완벽해, 가자. 내가 낼게.

 Unit 2

Ⓐ 우리 곧 제시카를 만날 예정이야. 나는 네가 그녀의 말을 들어줬으면 해 이번에.

Ⓑ 너 뭐에 대해서 말하는 중인거야?

Ⓐ 너 몰랐어? 그녀는 그녀의 남자친구랑 헤어졌잖아. (break up with)

Ⓑ 오, 오케이. 너 얼마나 오래 머물 예정이야?

Ⓐ 모르겠어. 우리가 그녀와 밤을 새는 게 좋을까?

Ⓑ 너 그녀가 시간이 좀 필요할지도
모른다고 생각하지 않아, 혼자서?
나는 우리가 너무 오래 머무는 게
좋다고 생각하지 않아. (too long)

Unit 3

A 오마이갓! 나는 그들이 올 거라고 기대하지 않았어! 누가 그들을 초대했어?

B 내 생각엔 노아가 그들을 초대한 것 같아. 근데 쟤네 누구야? (But who are they?)

A 인플루언서들! 그들은 백만 명의 팔로워가 있어!
그들의 비디오 중 하나는 십억 조회수를 얻었어.
(one of their videos)

B 정말? 와우, 그거 전혀 몰랐어. (at all)

A 우리 그들이랑 이야기하는 게 좋겠어!
그들이 아마도 우리한테 그들의 번호를 줄지도 몰라.

B 하하. 나는 그렇게 생각하지 않지만
그래도 가서 그리고 그들이랑 얘기해 보자. (so)

Unit 4

A 아! 우리 또 그 청구서 지불하는 걸 잊었어. 우리 그거 또 놓치면 안 돼. (miss)

B 너 지금 지불할 수 없어?

A 나 못해. 헤일리가 내야 해. 나는 보안카드를 갖고 있지 않아. (the security card)

----- 4 hours later -----

B 야, 너 그녀한테 그 청구서 지불하라고 상기시켜 줬어?

A 아, 맞아. 나 그걸 지금 하는 게 좋겠다. (right)

B 이번에는 잊지 마. (this time)

Ⓐ I want you to finish this. I want to rest.

Ⓑ Okay, I'll finish it now. What do you want to do?

Ⓐ I want to drink some coffee. I want to use my new tumbler.

Ⓑ Good idea. Do you know a good café?

Ⓐ I don't know. Let's just go to the café nearby.

Ⓑ Perfect, let's go. I will pay.

Ⓐ We are going to meet Jessica soon. I want you to listen to her this time.

Ⓑ What are you talking about?

Ⓐ Didn't you know? She broke up with her boyfriend.

Ⓑ Oh, okay. How long are you going to stay?

Ⓐ I don't know. Should we stay up all night with her?

Ⓑ Don't you think she might need some time alone? I don't think we should stay too long.

Ⓐ Oh my god! I didn't expect them to come! Who invited them?

Ⓑ I think Noah invited them. But who are they?

Ⓐ Influencers! They have one million followers! One of their videos got one billion views.

Ⓑ Really? Wow, I didn't know that at all.

Ⓐ We should talk to them. They might give us their numbers!

Ⓑ Haha. I don't think so but let's go and talk to them.

Ⓐ Ah! We forgot to pay the bill again. We can't miss it again.

Ⓑ Can't you pay now?

Ⓐ I can't. Haley has to pay. I don't have the security card.

----- 4 hours later -----

Ⓑ Hey, did you remind her to pay the bill?

Ⓐ Ah, right. I should do it now.

Ⓑ Don't forget this time.

Unit 5

Ⓐ 축하해요! (congratulations) 모두가 당신의 결혼식을 즐기는 중이에요. 얼마나 많은 사람들을 초대하셨어요?

Ⓑ 감사합니다. 저희 한 천 명 정도 초대했어요. (about)

Ⓐ 와우, 당신의 결혼식에 많은 돈을 쓰셨을 거라고 확신해요.

Ⓑ 네, 그랬죠. 우리는 결혼식을 위해 돈을 좀 인출해야 했어요. (withdraw)

Ⓐ 저 볼 수 있어요. 당신의 신혼여행으로는 어디를 갈거에요? (for)

Ⓑ 오, 저희는 신혼여행에는 돈을 많이 쓰지 않을 예정이에요. 그래서 우리는 제주도를 생각중이에요. (so, think of)

 Unit 6

Ⓐ 헤일리가 나한테 어제 집에 있으라고 말 했는데 나 어쨌든 나갔어. (but, anyway)

Ⓑ 너 뭐했는데?

Ⓐ 나 그냥 내 친구들이랑 놀았지.

Ⓑ 근데 그녀가 왜 너한테 집에 있으라고 말한 거야? (but)

Ⓐ 아, 그녀는 내가 쉬는 것이 필요했다고 생각했어. 왜냐하면 내가 어제 늦게 일했거 든. (thought, rest, because)

Ⓑ 그럼 너 쉬는 게 좋겠다. 너는 그녀의 말을 듣는 게 좋겠어! (then)

Unit 7

Ⓐ 내가 이 쿠폰을 내일 꼭 사용해야 돼?

Ⓑ 응, 내가 이거 너한테 한 달 전에 줬잖아.

너는 그것을 곧 꼭 사용해야 돼.

Ⓐ 오, 그러면 나 내일 식당을 예약하는 게 좋겠다.

왜냐면 나 제시카한테 선물하나를 사줬는데

그녀가 그걸 좋아하지 않았어.

(then, because, but)

Ⓑ 내일? 제시카랑? 오, 맞다. 나 내일 그녀를 만나기로 할 예정이었는데 나 부모님을

도와드려야 돼. (but)

Ⓐ 그럼 너는 그녀에게 전화하고 그리고 그녀와의 약속을 취소하는 게 좋겠어. 나 그

녀와 계획을 세우고 싶어. (then, make plans)

Ⓑ 물론이지, 그녀한테 지금 바로 전화할게. (sure, right now)

 Unit 8

Ⓐ 너 음식 좀 먹는 게 좋겠다.

너 왜 안 먹는 중이야?

Ⓑ 나 저녁 안 먹어.

Ⓐ 누가 저녁을 걸러?

나는 절대 저녁을 안 거르는데.

Ⓑ 나 살 빼고 싶어서 그래서

저녁을 거르기로 결정했어. (so)

Ⓐ 그래도 너 뭔가 먹는 게 좋겠다. 내가 너 샐러드 하나 만들어줄게. (But)

Ⓑ 알겠어, 그럼 조금 먹을게. (alright, then)

Ⓐ Congratulations! Everyone is enjoying your wedding. How many people did you invite?

Ⓑ Thank you. We invited about one thousand people.

Ⓐ Wow, I bet you spent a lot of/much money on your wedding.

Ⓑ Yes, we did. We had to withdraw some money for our wedding.

Ⓐ I can see. Where will you go for your honeymoon?

Ⓑ Oh, we are not going to spend a lot of/much money on the honeymoon. So we are thinking of Jeju Island.

Ⓐ Haley told me to stay home yesterday, but I went out anyway.

Ⓑ What did you do?

Ⓐ I just hung out with my friends.

Ⓑ But why did she tell you to stay home?

Ⓐ Ah, she thought I needed to rest because I worked late yesterday.

Ⓑ Then you should rest. You should listen to her!

Ⓐ Do I have to use this coupon tomorrow?

Ⓑ Yes, I gave you this a month ago. You have to use it soon.

Ⓐ Oh, then I should book a restaurant tomorrow. Because I bought Jessica a gift, but she didn't like it.

Ⓑ Tomorrow? with Jessica? Oh, right. I was going to meet her tomorrow, but I have to help my parents.

Ⓐ Then, you should call her and cancel on her. I want to make plans with her.

Ⓑ Sure, I will call her right now.

Ⓐ You should eat some food. Why aren't you eating?

Ⓑ I don't eat dinner.

Ⓐ Who skips dinner? I never skip dinner.

Ⓑ I want to lose weight, so I decided to skip dinner.

Ⓐ But you should eat something. I'll make you a salad.

Ⓑ Alright, then I'll eat some.

Unit 9

Ⓐ 자기야, 나 다음 주 월요일에 공항까지
태워다줄 수 있어? 자기는 나의 목숨을
살려줄 거야. 제발, 제발, 제발?

Ⓑ 다음 주 월요일? 어디 가는데?
(진행형 사용)

Ⓐ 내 사업을 위해 뉴욕에 가야 해. 나 8시쯤 공항에 도착할 필요가 있어. (arrive at)

Ⓑ 알겠어. 태워다줄게. 그럼 우리 7시 10분 전에 출발하는 게 좋겠다. (fine, then)

Ⓐ 정말? 그거 해줄래? 너무 고마워, 자기야.

Ⓑ 물론이지. 나는 내 자기를 위해서 어떤 것도 할 수 있어. (anything)

> **Tips** '어떤'이란 의미를 강조하면 any를 쓸 수 있습니다. 어떠한 것도 해줄 수 있어'에서 '어떠한'이기 때문에 긍정이지만 any가
> 사용됩니다.

 Unit 10

Ⓐ 너 나한테 무슨 얘기 해주고 싶은 거야?
기다릴 수 없어!

Ⓑ 나 이번 달에 직장을 그만둘 예정이야.
새로운 기회를 찾고 싶었어서 그래서 캐나다로
이사 가기로 결정했어. (opportunity, so)

Ⓐ 와우! 언제 거기로 이사할 예정이야?

Ⓑ 다음 달 말에 이사할 예정이야.
(at the end of next month)

Ⓐ 거기서 뭐 할 예정이야?

Ⓑ 카페를 열 예정이야. 너 내가 커피 사랑하는 거 알잖아. 그래서 완벽한 장소를 찾는
중이야. (so, the perfect place)

Unit 11

Ⓐ 자기 왜 나를 안 보고 있어? 뭐 보고 있는 중이야?

Ⓑ 오, 나 그냥 내 휴대폰으로 뭔가 확인하는 중이야. 뭐라고 말했어?

Ⓐ 너는 항상 너 휴대폰만 보는 중이잖아.

Ⓑ 왜 자기는 항상 나랑 말다툼하고 싶어 해?

Ⓐ 나 자기랑 말다툼하고 싶지 않아.

나는 그냥 자기가 나를 들어주길 바라는 거야.

Ⓑ 오케이. 이해했어. 미안해.

자기 말 들을게. 나한테 다시 말해줄 수 있어?

 Unit 12

Ⓐ 나는 자기가 근처에 주차할거라고 기대했어.

우리 어디로 가는 중이야?

Ⓑ 자기가 걷고 싶다고 말했잖아. 그 식당까지 걸어가자.

Ⓐ 나 그거 너무 좋아! 나는 자기랑

시간을 보내는 게 너무 좋아! (love)

Ⓑ 나두. 자기야, 우리 우리의 다음 기념일을

스페인에서 축하하는 게 좋을까?

Ⓐ 오마이갓! 진짜?

Ⓑ 자기 스페인 가고 싶다고 항상 말했잖아.

나는 자기를 행복하게 만들어주고 싶어.

내년에 가자.

Ⓐ Baby, can you give me a ride to the airport next Monday? You will save my life. Please, please, please?

Ⓑ Next Monday? Where are you going?

Ⓐ I have to go to New York for my business. I need to arrive at the airport at 8ish.

Ⓑ Fine. I will give you a ride. Then we should leave at ten to seven.

Ⓐ Really? Will you do it? Thank you so much, baby.

Ⓑ Of course. I can do anything for my baby.

Unit 10

Ⓐ What do you want to tell me? I can't wait!

Ⓑ I am going to quit my job this month. I wanted to look for a new opportunity, so I decided to move to Canada.

Ⓐ Wow! When are you going to move there?

Ⓑ I'm going to move at the end of next month.

Ⓐ What are you going to do there?

Ⓑ I'm going to open a café. You know I love coffee. So, I'm looking for the perfect place.

Unit 11

Ⓐ Why aren't you looking at me? What are you looking at?

Ⓑ Oh, I'm just checking something on my phone. What did you say?

Ⓐ You are always looking at your phone.

Ⓑ Why do you always want to argue with me?

Ⓐ I don't want to argue with you. I just want you to listen to me.

Ⓑ Okay, I understand. Sorry. I'll listen to you. Can you tell me again?

Unit 12

Ⓐ I expected you to park nearby. Where are we going?

Ⓑ You said you wanted to walk. Let's walk to the restaurant.

Ⓐ I love it! I love to spend/spending time with you.

Ⓑ Me too. Baby, should we celebrate our next anniversary in Spain?

Ⓐ Oh my god! Really?

Ⓑ You always said you wanted to go to Spain. I want to make you happy. Let's go next year.

Unit 13

Ⓐ 너 그 면접 전에 눈썹 다듬지 않을 예정인거야?

Ⓑ 나 이따가 걔네 다듬을 거야. 그 면접을 위해
깔끔해 보이고 싶어. (neat)

Ⓐ 너 앞머리는 안 다듬을 예정이니?

Ⓑ 앞머리는 다듬지 않을 예정이야. 지금 내
헤어스타일이 마음에 들어.

Ⓐ 너 그 면접을 위해 뭐 입을 거야? (wear)

Ⓑ 나 내 파란색 원피스를 입을 예정이야.
그게 프로페셔널해 보이는 것 같아.

 Unit 14

Ⓐ 나 지난번에 노아랑 얘기했어. 그가 거의 매일
술을 마신다고 말했어. (the other day)

Ⓑ 뭐? 그는 누구랑 술을 마셔?

Ⓐ 오, 그가 누구랑 마신다고 생각하지 않아.
그는 보통 혼자 마신대 집에서, 일 끝나고.

Ⓑ 그거 좋게 들리지 않는데. 너는 그가 아마
음주 문제가 있을지도 모른다고 생각해?
(sound, a drinking problem)

Ⓐ 그는 아마도 그럴 거야.

Ⓑ 우리는 그와 이야기 하는 게 좋겠다.
그는 아마 우리의 도움이 필요할지도 몰라.

Unit 15

🅐 너 나 살쪘다고 생각해?

🅑 너 무슨 이야기 하는 중이야?

너 어떤 살도 전혀 안 쪘어. (any, at all)

🅐 나 저녁으로 치킨, 피자, 버거를 먹었어.

죄책감이 들어. (for dinner)

🅑 모두들 가끔 그걸 하지. 너 죄책감 느낄

필요 없어. (does that sometimes)

🅐 너는 얼마나 많은 살을 뺐어?

🅑 난 6개월에 5킬로그램 정도 뺐어. (about, in 6 months)

 Unit 16

🅐 저녁 먹으러 지금 떠나자! 내가 모든 사람들한테 전화할게.

🅑 모든 사람들?

🅐 응, 내가 너한테 7시에 5명 내 이름으로 테이블 예약하라고 부탁하지 않았어?

(ask)

🅑 오마이갓, 나 까먹었어. 미안.

🅐 우리 이제 뭘 하는 게 좋을까?

🅑 내가 그들에게 지금 전화해볼게.

그들이 아마 여전히 테이블이

있을지 몰라. (still)

Unit 13

Ⓐ Aren't you going to trim your eyebrows before the interview?

Ⓑ I will trim them later. I want to look neat for the interview.

Ⓐ Aren't you going to trim your bangs?

Ⓑ I'm not going to trim my bangs. I like my hairstyle now.

Ⓐ What will you wear for the interview?

Ⓑ I'm going to wear my blue dress. I think it looks professional.

Unit 14

Ⓐ I talked to Noah the other day. He said he drinks almost everyday.

Ⓑ What? Who does he drink with?

Ⓐ Oh, I don't think he drinks with anyone. He usually drinks alone at home after work.

Ⓑ That doesn't sound good. Do you think he might have a drinking problem?

Ⓐ He might.

Ⓑ We should talk to him. He might need our help.

Unit 15

Ⓐ Do you think I gained weight?

Ⓑ What are you talking about? You didn't gain any weight at all.

Ⓐ I had/ate chicken, pizza and burgers for dinner. I feel guilty.

Ⓑ Everyone does that sometimes. You don't need to feel guilty.

Ⓐ How much weight did you lose?

Ⓑ I lost about 5 kilograms in 6 months.

Unit 16

Ⓐ Let's leave for dinner now. I will call everyone.

Ⓑ Everyone?

Ⓐ Yes, didn't I ask you to book a table for five at seven o'clock under my name?

Ⓑ Oh my god, I forgot. Sorry.

Ⓐ What should we do now?

Ⓑ I will call them now. They might still have a table.

Unit 17

Ⓐ 너는 왜 컴퓨터로 영화를 보는 중이야?
그거 큰 화면으로 보고 싶지 않아? (on)

Ⓑ 나 곧 외출해야 해서 그래서 그냥 그거
컴퓨터로 보는 중이야. (so)

Ⓐ 너는 책을 선호해 아니면 영화?

Ⓑ 나는 영화를 선호해, 책보다. 너는?
(what about you)

Ⓐ 나는 책을 선호해. 나 요즘 반지의 제왕 다시 읽고 있는 중이야. (reread, The
Lord of the Rings, these days)

Ⓑ 나도 반지의 제왕 사랑해. 나는 그 영화들 또한 사랑하지. (as well)

 Unit 18

Ⓐ 나는 네가 이것을 처리하는 거 필요하지 않아. 내가 그것을 할 수 있어.

Ⓑ 오케이. 내 번호는 080-1452-9763이야. 그리고 나는 네가 이 번호를 기억하길
원해. 너는 나한테 언제든지 전화할 수 있어.

Ⓐ 그럴게. 너는 사무실을 떠나도 돼.
나는 이따가 집에 갈 거야.

Ⓑ 오케이, 너무 늦게까지 머무르진 마. (too late)

Ⓐ 걱정하지 마! 나 어쨌든 너무
늦게까지 머무르고 싶지 않아. (anyway)

Ⓑ 좋다. 나 너 내일 볼게!

Unit 19

Ⓐ 나는 네가 내 아들과 낮잠 자주는 게 필요해.
　 그는 자는 것이 필요해.

Ⓑ 물론이죠, 헤일리 이모. 제가 그거 할 수 있어요.
　 그는 보통 얼마나 오래 자나요? (sure, aunt)

Ⓐ 약 한 시간. 그는 가끔 더 일찍 일어나기도 하지만
　 그는 보통 한 시간 동안 자. (about, earlier)

Ⓑ 문제없어요. 제가 그를 위해 무언가 가져가야
　 하나요? (no problem)

Ⓐ 그는 그의 가장 좋아하는 인형을 갖고 있는 걸 좋아해. (favorite, stuffed animal)

Ⓑ 오케이. 제가 그거 가져갈게요. 이모의 휴식을 즐기세요! (break)

 Unit 20

Ⓐ 나 미첼한테 제시카를 놀리지 말라고 말했어.
　 지금 그녀 우는 중이야.

Ⓑ 그가 항상 사람들을 놀리는 거 너 알잖아.
　 나는 그가 아직도 저런 짓을 하다니
　 믿을 수 없어. (still)

Ⓐ 나는 그에게 그가 그녀를 비웃는 것을 멈추는 게
　 좋겠다고 말했는데, 그는 계속 그녀를 비웃었어. (but)

Ⓑ 그가 언제 멈출 예정일까? 그는 처신을 잘하는 게 필요해.

Ⓐ 우리는 이것에 대해 그와 이야기하는 게 필요해.

Ⓑ 맞아, 그렇게 하자. 그는 이제 저것을 하는 것을 멈춰야 해.

Ⓐ Why are you watching a movie on the computer? Don't you want to watch it on a big screen?

Ⓑ I have to go out soon, so I'm just watching it on the computer.

Ⓐ Do you prefer books or movies?

Ⓑ I prefer movies over books. What about you?

Ⓐ I prefer books. I'm rereading The Lord of the Rings these days.

Ⓑ I love The Lord of the Rings too. I love the movies as well.

Ⓐ I don't need you to deal with this. I can do it.

Ⓑ Okay. My number is oh/zero eight oh/zero, one four five two, nine seven six three. And I want you to remember this number. You can call me anytime.

Ⓐ I will. You can leave the office. I will go home later.

Ⓑ Okay, don't stay too late.

Ⓐ Don't worry! I don't want to stay too late anyway.

Ⓑ Good. I'll see you tomorrow.

Ⓐ I need you to take a nap with my son. He needs to sleep.

Ⓑ Sure aunt Haley, I can do that. How long does he usually sleep?

Ⓐ About an hour. He sometimes wakes up earlier but he usually sleeps for an hour.

Ⓑ No problem. Do I have to bring anything for him?

Ⓐ He likes to have/having his favorite stuffed animal.

Ⓑ Okay. I will bring it. Enjoy your break!

Ⓐ I told Mitchell not to make fun of Jessica. Now she is crying.

Ⓑ You know he always makes fun of people. I can't believe he still does that.

Ⓐ I told him he should stop laughing at her. But he kept laughing at her.

Ⓑ When is he going to stop? He needs to behave himself.

Ⓐ We need to talk to him about this.

Ⓑ Yes, let's do it. He has to stop doing that now.

Unit 21

A 안녕하세요, 노아로 테이블 하나 7시에 2명 예약했어요.

B 좋은 밤이에요! 잠시만 기다려 주세요. 오, 당신의 예약을 찾았어요. 저희 레스토랑에 오신 것을 환영합니다. (one moment, reservation)

A 감사합니다. 저희는 오늘밤 우리의 결혼기념일을 축하하는 중이에요.

B 기념일 축하드려요. 기념일을 위해 무언가 특별한 것이 필요하신가요? (on)

A 저희가 창가 근처에 앉을 수 있을까요?

B 물론이죠, 저를 따라오세요. (follow)

 Unit 22

A 하루종일 그의 전화를 기다리는 중이었어요. 그에게 나한테 전화하라고 말하지 않았나요? (his call)

B 네, 했습니다.

A 그럼, 왜 그가 전화를 안했죠? (then)

B 사장님 번호가 1746이죠. 그죠? (right)

A 아니요! 1749에요.

B 웁스! 죄송해요. 제 실수에요. 제가 다시 그에게 이야기 하겠습니다. (my mistake)

Unit 23

🅰 온라인으로 새 책 하나를 주문했는데
　 그 영수증을 받지 못했어. (but, receipt)

🅱 너의 이메일 확인해 봤어? (check)

🅰 응, 했지.

🅱 너의 스팸 폴더도 확인해 봤어? (spam folder)

🅰 응, 모든 곳을 확인해 봤어. (everywhere)

🅱 그럼 그 서점에 전화해 보는 게 좋겠다.
　 그들이 그거를 너한테 다시 보내줄지도 몰라.
　 (then, resend, to you)

 Unit 24

🅰 오늘 제시카가 우리랑 약속을 취소할 지도 모를 것 같아.

🅱 정말? 왜? 그녀가 뭔가 말 했어?

🅰 음, 그녀는 어제 늦게 일해서 그래서 오늘은 쉬고 싶을지도 몰라. (well, so, rest)

🅱 음, 그녀가 올 수 있길 바라자.
　 우리가 지금 그녀에게 전화해 보는 게 좋을까? (hope)

🅰 나는 그녀가 지금도 여전히 일하는 중이라고 확신해.
　 우리 더 기다리는 게 좋을 거 같아. (still)

🅱 오케이, 그럼 나중에 나한테 그녀에게
　 전화하라고 상기시켜줘.
　 내가 그녀한테 전화하고 싶어. (then)

Unit 21

Ⓐ Hello, I booked a table for 2 at 7 o'clock under Noah.

Ⓑ Good evening! One moment, please. Oh, I found your reservation. Welcome to our restaurant.

Ⓐ Thank you. We are celebrating our wedding anniversary tonight.

Ⓑ Congratulations on your anniversary. Do you need anything special for your anniversary?

Ⓐ Can we sit near the window?

Ⓑ Of course, please follow me.

Unit 22

Ⓐ I was waiting for his call all day. Didn't you tell him to call me?

Ⓑ Yes, I did.

Ⓐ Then why didn't he call?

Ⓑ Your number is one seven four six. Right?

Ⓐ No, it's one seven four nine.

Ⓑ Oops! Sorry. My mistake. I will tell him again.

Unit 23

Ⓐ I ordered a new book online. But I didn't get the receipt.

Ⓑ Did you check your email?

Ⓐ Yes, I did.

Ⓑ Did you check your spam folder, too?

Ⓐ Yes, I checked everywhere.

Ⓑ Then you should call the bookstore. They might resend it to you.

Unit 24

Ⓐ I think Jessica might cancel on us today.

Ⓑ Really? Why? Did she say anything?

Ⓐ Well, she worked late yesterday, so she might want to rest today.

Ⓑ Well, let's hope she can come. Should we call her now?

Ⓐ I bet she is still working now. I think we should wait more.

Ⓑ Okay, then remind me to call her later. I want to call her.

Unit 25

Ⓐ 언제 집에 올 거야? (진행형)
나 우리를 위해 저녁을 요리했어.

Ⓑ 나 회사에서 문제 하나를 처리해야 돼.
나를 위해 좀 남겨줄래?

Ⓐ 물론이지, 자기를 위해 좀 남겨줄게.
자기 생각엔 몇 시에 집에 올 것 같아?
(sure)

Ⓑ 내 생각엔 나 아마도 9시 이후에나 집에 갈지도 몰라. (come)

Ⓐ 오, 너무 늦지 않네. 그냥 자기 기다릴게. 같이 저녁 먹자. (too late)

Ⓑ 나를 위해 그렇게 해줄 거야? 내가 서두를게. 집에서 봐!

 Unit 26

Ⓐ 우리 5시 15분에 떠날 필요가 있어.

Ⓑ 왜 우리가 그렇게 일찍 떠나야 해? (so)

Ⓐ 그 영화가 7시 정각에 시작해. 우리 그 영화
전에 외식하기로 결정했잖아. 너 기억해?

Ⓑ 오, 맞다. 그리고 나 그 극장 근처 그 새로운
카페도 가보고 싶었어. 헤일리가 나한테 그녀는
그들의 디저트들을 좋아했다고 말했어. (theater)

Ⓐ 그리고 우리 그 영화 전에 팝콘이랑 음료를 살 필요가 있잖아. (drinks)

Ⓑ 알겠어. 5시 10분전에 출발하자 그럼. (got it, then)

Unit 27

Ⓐ 우리 이 회사를 살 예정인가요? 우리는 그 CEO께서 결정하는 것이 필요해요.

Ⓑ 우리는 너무 오래 기다릴 수 없어요. 우리는 아마 이 기회를
놓칠지도 몰라요. (too long, chance)

Ⓐ 하지만 제 생각엔 그는 여전히 그것에 대해
생각 중인 것 같아요. 우리가 5억 원짜리
회사를 살 수 있을까요? (still)

Ⓑ 모르겠어요. 그런데 우리는 가능한 빨리 이것을
처리해야 해요. (but, as soon as possible)

Ⓐ 오늘 그에게 다시 상기시킬게요.

Ⓑ 좋은 생각이에요. 우리는 곧 결정할 필요가 있어요. (good idea)

 Unit 28

Ⓐ 여보세요? 자기야? 내 생각엔 나 여기 더 머물 예정일 것 같아. 자기 언제 자러갈
예정이야?

Ⓑ 오, 걱정하지 마. 나 자기 기다릴거야. 나 자고싶지 않아. 왜냐하면 나 이거 끝내고
싶어. (worry)

Ⓐ 이거? 지금 뭐 하는 중이야?

Ⓑ 닌텐도하는 중이야. 자기가 비디오 게임을 안
하는 거 아는데, 나는 자기가 이 게임을
시도 해 봤으면 좋겠어. (but)

Ⓐ 알겠어. 시도 한 번 해볼게.

Ⓑ 좋아! 나 자기랑 이 게임 하고 싶으니까
집에 너무 늦게 오지 마. (so, too late)

Unit 25

Ⓐ When are you coming home? I cooked dinner for us.

Ⓑ I have to deal with a problem at work. Will you save some for me?

Ⓐ Sure. I will save some for you. What time do you think you will come home?

Ⓑ I think I might come home after 9.

Ⓐ Oh, it's not too late. I will just wait for you. Let's have dinner together.

Ⓑ Will you do that for me? I'll hurry up. See you at home!

Unit 26

Ⓐ We need to leave at a quarter past five.

Ⓑ Why do we have to leave so early?

Ⓐ The movie starts at 7 sharp. We decided to eat out before the movie. Do you remember?

Ⓑ Oh, right. And I wanted to go to the new café near the theater. Haley told me she liked their desserts.

Ⓐ And we need to buy popcorn and drinks before the movie.

Ⓑ Got it. Let's leave at 10 to 5 then.

Unit 27

Ⓐ Are we going to buy this company? We need the CEO to decide.

Ⓑ We can't wait too long. We might miss this chance.

Ⓐ But, I think he is still thinking about it. Can we buy a five hundred(500)million won company?

Ⓑ I don't know. But, we have to deal with this as soon as possible.

Ⓐ I'll remind him again today.

Ⓑ Good idea. We need to decide soon.

Unit 28

Ⓐ Hello? Baby? I think I'm going to stay here more. When are you going to go to bed?

Ⓑ Oh, don't worry. I will wait for you. I don't want to sleep. Because I want to finish this.

Ⓐ This? What are you doing?

Ⓑ I'm playing Nintendo. I know you don't play video games, but I want you to try this game.

Ⓐ Alright. I will give it a try.

Ⓑ Good! I want to play this game with you so don't come home too late.

Unit 29

🅐 오늘 밤에 어떤 계획 있어? (any, for tonight)

🅑 없어, 왜?

🅐 나 네가 밤을 새우고 나랑 공부했으면 좋겠어.

🅑 밤새? 나는 내가 밤새울 수 있다고 생각하지 않아.

🅐 왜 안 돼? 내가 너한테 커피 만들어줄게. 제발?

🅑 나 이 시간에 커피 마시고 싶지 않아.
   그리고 너 나 오직 티만 마시는 거 알잖아.
   (at this hour, only)

Unit 30

🅐 나 어제 정말 너의 아들의 생일 파티를 즐겼어.

🅑 고마워. 모든 사람이 좋은 시간을 보낸 거 같아. (have a good time)

🅐 나는 그 매직 쇼가 좋았어. 너 그 마술사 어떻게 알아? (magician)

🅑 나는 그를 온라인에서 찾았어. 그는 다른 부모로부터
   거의 만 개의 리뷰를 얻었더라구.

🅐 와우! 내 생각엔 나도 그한테 전화 하는 게
   필요할거 같아. 내 아들도 또한 마술을
   좋아하거든. (also) 너 그의 번호를
   가지고 있니?

🅑 응, 내가 너에게 그의 번호를 줄게.
   너의 아들도 그를 사랑할거야.

Ⓐ Do you have any plans for tonight?

Ⓑ No, why?

Ⓐ I want you to stay up all night and study with me.

Ⓑ All night? I don't think I can stay up all night.

Ⓐ Why not? I will make you coffee. Please?

Ⓑ I don't want to drink coffee at this hour. And you know I only drink tea.

Ⓐ I really enjoyed your son's birthday party yesterday.

Ⓑ Thank you. I think everyone had a good time.

Ⓐ I liked the magic show! How do you know the magician?

Ⓑ I found him online. He got almost ten (10) thousand reviews from other parents.

Ⓐ Wow! I think I need to call him too. My son also likes magic. Do you have his number?

Ⓑ Yes, I will give you his number. Your son will love him too.

◎ Answer Key ◎

Chapter 01 습관이나 버릇을 나타내는 '현재'

1 pinch: 꼬집다

1. You pinch me everyday.
2. Do you pinch your boyfriend?
3. I pinch my thigh.
4. I don't pinch myself.
5. Don't you pinch yourself?

2 feel guilty: 죄책감을 느끼다

1. I feel guilty.
2. Do you feel guilty?
3. Haley doesn't feel guilty.
4. Don't you feel guilty?
5. We don't feel guilty.

3 book: 예약하다

1. I book a hotel.
2. Mitchell books a table.
3. She books a ticket.
4. I don't book anything.
5. We book a room.

4 prefer: 선호하다

1. Does Jessica prefer books or movies?
2. She prefers books.
3. She prefers books over movies.
4. I prefer to work in the morning.
5. Haley prefers to wash her hands after meals.

5 eat out: 외식하다

1. Who eats out tonight?
2. Noah doesn't eat out.
3. Who do you eat out with?
4. Don't you eat out with your friends?
5. No, I don't.

6 take naps: 낮잠을 자다

1. When does she take naps?
2. Who doesn't take naps?
3. Don't you take naps?
4. Yes, I do.
5. No, I don't.

7 snore: 코를 골다

1. When does he snore?
2. Mitchell doesn't snore.
3. Doesn't he snore?
4. No, he doesn't.
5. Yes, he does.

8 grind 소유격 teeth: 이를 갈다

1. Doesn't Jessica grind her teeth?
2. No, she doesn't.
3. Yes, she does.
4. Who grinds their teeth?
5. Why do you grind your teeth?

9 skip: 거르다

1. Who skips dinner?
2. Why do you skip dinner?
3. I don't skip dinner.
4. When does she skip dinner?
5. Noah skips dinner.

10 hit the gym: 헬스장에 가다

1. When does he hit the gym?
2. Who do you hit the gym with?
3. I hit the gym with Jessica.
4. Who hits the gym in the morning?
5. Why do you hit the gym everyday?

11 nag: 잔소리 하다

1. I don't nag you.
2. Doesn't he nag you?
3. Why do you nag her?
4. I don't nag her.
5. Does she nag you?

12 all the time: 항상 = always

1. Mitchell cooks dinner all the time.
2. Haley drives to work all the time.
3. Why do you snore all the time?
4. He nags me all the time.
5. I don't take naps all the time.

13　almost everyday: 거의 매일 = often

1. Noah drinks almost everyday.
2. Doesn't he hit the gym almost everyday?
3. I help my parents almost everyday.
4. He grinds his teeth almost everyday.
5. Don't you cook dinner almost everyday?

14　every other day: 격일로 = sometimes

1. I eat out every other day.
2. Why do you go to work only every other day?
3. We go swimming every other day.
4. Don't you skip dinner every other day?
5. Mitchell reads books every other day.

15　rarely: 거의 ~않다

1. He rarely reads books.
2. He rarely snores.
3. Jessica rarely takes naps.
4. We rarely study English.
5. I rarely use it.

16　never: 절대 ~않다

1. I never drive.
2. She never helps them.
3. Noah never cleans his room.
4. We never drink coffee.
5. He never nags me.

17　once (a day / a week / a month / a year): 한 번

1. I brush my hair once a day.
2. She hits the gym once a week.
3. Jessica eats out once a month.
4. They go shopping once a year.
5. Why do you wash your car once a month?

18　twice (a day / a week / a month / a year): 두 번

1. We study English twice a day.
2. Mitchell cleans his house twice a week.
3. I drive to work twice a month.
4. How do they eat out twice a week?
5. We go shopping twice a year.

1　decide – decided to: 결정하다 – 결정했다

1. Haley decided to cook dinner.
2. We decided to watch a movie tonight.
3. Why did you decide to read this book?
4. He decided to buy her a gift.
5. They decided to leave early.

2　book – booked: 예약하다 – 예약했다

1. I booked a hotel.
2. Noah booked a room.
3. We booked a table for 2.
4. Did you book a table for 2 at 7 o'clock under Jessica?
5. I didn't book anything.

3　buy – bought: 사다 – 샀다

1. I bought him lunch yesterday.
2. Why did you buy him lunch yesterday?
3. He bought me lunch the day before yesterday.
4. When did you buy me lunch?
5. Haley didn't buy lunch.

4　take a nap – took a nap: 낮잠 자다 – 낮잠 잤다

1. We took a nap for 2 hours yesterday.
2. How long did you take a nap for?
3. Who took a nap?
4. Noah took a nap yesterday.
5. I didn't take a nap yesterday.

5　hit the gym – hit the gym: 헬스장에 가다 – 헬스장에 갔다

1. He hits the gym everyday.
2. We hit the gym everyday.
3. We hit the gym yesterday.
4. Who did you hit the gym with?
5. I hit the gym with Mitchell yesterday.

6　vote – voted: 투표하다 – 투표했다

1. Did you vote?
2. I voted.
3. Who didn't vote?

4. Everyone voted.
5. Who did you vote for?

7 a cup of: 한 잔의~

1. I drank a cup of coffee.
2. Haley drank a cup of water.
3. We drank eight cups of water.
4. He drank two cups of juice in the morning.
5. When did they drink a cup of water?

8 a sip of: 한 모금의~

1. We took/had a sip of milk before bed.
2. I took/had a sip of juice yesterday.
3. When did she take/have a sip of wine?
4. Noah took/had a sip of coffee before the class.
5. They took/had a sip of coke with the pizza.

9 a pinch of: 한 꼬집의~

1. I added a pinch of sugar to my coffee.
2. Did she add a pinch of sugar to her coffee?
3. He added a pinch of salt to the soup.
4. I didn't add a pinch of salt to my soup.
5. Why did you add a pinch of salt to your soup?

10 get – got: 얻다 – 얻었다

1. I got a book.
2. We didn't get the bill.
3. How did you get it?
4. She got a new job.
5. Noah got help from Jessica.

11 order – ordered: 주문하다 – 주문했다

1. I ordered pizza.
2. He ordered a new book online.
3. We just ordered food.
4. Why did you order this?
5. Jessica didn't order coffee.

12 lose weight – lost weight: 살을 빼다 – 살을 뺐다

1. I lost weight last year.
2. I didn't lose weight.

3. Mitchell lost weight a lot.
4. Why did you lose weight?
5. Didn't you lose any weight at all?

13 gain weight – gained weight: 살이 찌다 – 살이 쪘다

1. I gained weight a lot.
2. When did you gain weight?
3. Didn't he gain weight?
4. Did I gain weight?
5. She didn't gain any weight at all.

14 feel guilty – felt guilty: 죄책감을 느끼다 – 죄책감을 느꼈다

1. I felt guilty.
2. Did you feel guilty?
3. She didn't feel guilty.
4. Didn't you feel guilty?
5. We didn't feel guilty.

Chapter 03 즉흥적인 미래 'will'

1 give A a ride: A를 한번 태워주다

1. Will you give me a ride to the airport tomorrow?
2. I won't give you a ride to the airport tomorrow.
3. Why won't you give me a ride to the airport? Don't you love me?
4. Will he give me a ride to the airport?
5. Yes, he will give you a ride.

2 behave oneself: (스스로) 처신을 잘 하다

1. I will behave myself later.
2. Will you behave yourself?
3. He won't behave himself at the party.
4. Won't they behave themselves?
5. Why won't you behave yourself?

3 save: 구하다, 저축하다, 남겨두다, 절약하다

1. You will save my life.
2. Will you save some for me?
3. I will save some for you.
4. I will save money.

5. I won't save any money.

4 deal with: ~을 처리하다, 다루다, 상대하다

1. I will deal with it.
2. They will deal with him.
3. Haley will deal with the problem.
4. Will you deal with that?
5. I won't deal with any problems!

5 answer: 대답하다

1. I will answer the phone.
2. Noah won't answer the phone.
3. Who will answer the door?
4. Will you answer the door?
5. I will answer the question.

6 pay: 지불하다

1. I will pay for dinner.
2. Will you pay for me?
3. When will you pay?
4. Mitchell will pay for me.
5. He won't pay for you.

7 quit: 그만두다

1. I will quit my job next month.
2. When will you quit playing that game?
3. I won't quit playing this game.
4. Quit using him.
5. We will never quit it.

8 try: 시도하다

1. I will try it.
2. Who will try this?
3. When will you try this?
4. We will always try something new.
5. Jessica will never try something new.

9 invest in: ~에 투자하다

1. Mitchell will invest in stocks.
2. We will invest in that company.
3. Where will you invest in?
4. I will invest in real estate.
5. I won't invest anything.

10 celebrate: 축하하다

1. We will celebrate his birthday next week.
2. Where will you celebrate the New Year?
3. We will celebrate the New Year in Canada.
4. We will celebrate our wedding anniversary this Sunday.
5. How will you celebrate your wedding anniversary?

Chapter 04 계획된 미래 'be going to'

1 leave: 떠나다

1. I am going to leave early tomorrow.
2. Is she going to leave her job?
3. Noah is not going to leave his job.
4. Are you going to leave me?
5. I am not going to leave you.

2 move: 이사하다, 이동하다

1. I am going to move to New York next month.
2. Haley is going to move to a new team next week.
3. Who are you going to move to New York with?
4. Aren't you going to move to New York next month?
5. When are you going to move to New York?

3 meet: 만나다

1. Who are you going to meet later?
2. I am going to meet my friends later.
3. Where are you going to meet your friends later?
4. We are going to meet at a café.
5. Are you going to meet me next week?

4 cancel on: ~와의 약속을 취소하다

1. Are you going to cancel on me again?
2. Why are you going to cancel on her?
3. I am not going to cancel on you again.
4. I am going to cancel on him today.
5. Mitchell is going to cancel on me.

5 go out: 외출하다

1. Are you going to go out with your girlfriend this weekend?
2. I am going to go out with my friends this weekend.
3. She is not going to go out tonight.
4. Why isn't she going to go out tonight?
5. Haley is going to go out with her boyfriend.

6 dump: (연애에서) ~를 차다

1. Is she going to dump you?
2. Are you going to dump your boyfriend tomorrow?
3. I am not going to dump my boyfriend.
4. He is going to dump you next week.
5. Is he really going to dump me next week?

7 wake up: 일어나다

1. Aren't we going to wake up early tomorrow?
2. I am going to wake up early tomorrow.
3. Mitchell is not going to wake up early tomorrow.
4. What time are you going to wake up?
5. We are going to wake up at 6 tomorrow.

8 stay up all night: 밤을 새우다

1. Are you going to stay up all night tonight?
2. I am not going to stay up all night.
3. Why are you going to stay up all night?
4. Are they going to stay up all night with you?
5. They are not going to stay up all night.

9 get a haircut: 머리를 자르다

1. When are you going to get a haircut?
2. Aren't you going to get a haircut?
3. I am going to get a haircut this weekend.
4. Is he going to get a haircut too?
5. He isn't going to get a haircut.

10 trim: 다듬다

1. Aren't you going to trim your beard before the interview?

2. I'm going to trim my beard later.
3. Aren't you going to trim your bangs?
4. I'm not going to trim my bangs.
5. Why aren't you going to trim your nails?

Spiral Review 반복복습 (1)

1. I book a hotel.
2. Who doesn't take naps?
3. Don't you eat out with friends?
4. No, I don't.
5. Why did you order this?
6. Does Jessica prefer books or movies?
7. When will you pay?
8. I am going to get a haircut this weekend.
9. Noah never cleans his room.
10. I hit the gym with Mitchell yesterday.
11. Who do you hit the gym with?
12. We booked a table for 2.
13. Why do you go to work only every other day?
14. Did you book a table for 2 at 7 o'clock under Jessica?
15. Mitchell cooks dinner all the time.
16. Why isn't she going to go out tonight?
17. I won't quit smoking.
18. Are you going to leave me?
19. She is not going to go out tonight.
20. How long did you take a nap for?
21. Everyone voted.
22. When does he snore?
23. I am not going to dump my boyfriend.
24. She never helps me.
25. Aren't you going to move to New York next month?
26. Doesn't Jessica grind her teeth?
27. Noah is not going to leave his job.
28. Jessica hits the gym once a week.
29. Noah got help from Jessica.
30. They took/had a sip of coke with the pizza.
31. I'm not going to trim my bangs.
32. Why are you going to cancel on her?
33. Noah drinks almost everyday.
34. I will invest in real estate.

35. Where will you celebrate the New Year?
36. Mitchell cleans his house twice a week.
37. We decided to watch a movie tonight.
38. I don't nag her.
39. Mitchell books a table.
40. Haley drank a cup of water.
41. Are they going to stay up all night with you?
42. Did I gain weight?
43. He is going to dump you next week.
44. I added a pinch of sugar to my coffee.
45. Who did you hit the gym with?
46. Why do you skip dinner?
47. Haley will deal with the problem.
48. Mitchell will pay for me.
49. I felt guilty.
50. Are you going to trim your hair?
51. I won't give you a ride to the airport tomorrow.
52. Jessica rarely takes naps.
53. Why are you going to stay up all night?
54. Who eats out tonight?
55. She didn't gain weight at all.
56. Will you answer the door?
57. Do you feel guilty?
58. Who grinds their teeth?
59. We drank eight cups of water.
60. We will celebrate his birthday next week.
61. When will you try this?
62. Mitchell doesn't snore.
63. We will always try something new.
64. I don't skip dinner.
65. She got a new job.
66. Mitchell is not going to wake up early tomorrow.
67. We took a nap for 2 hours yesterday.
68. I will answer the question.
69. We eat out once a month.
70. Will you deal with that?
71. Haley doesn't feel guilty.
72. You will save my life.
73. Why did you buy him lunch yesterday?
74. When are you going to move to New York?
75. Is he going to get a haircut too?
76. She prefers books over movies.

77. He bought me lunch the day before yesterday.
78. Quit using him.
79. Will you behave yourself?
80. Didn't you lose any weight at all?
81. Will you save some for me?
82. He rarely snores.
83. Will you give me a ride to the airport tomorrow?
84. Who did you vote for?
85. Haley drives to work all the time.
86. I won't invest anything.
87. Why do you nag her?
88. Why did you lose weight?
89. Noah took/had a sip of coffee before the class.
90. What time are you going to wake up?
91. You pinch me everyday.
92. Why did you decide to read books?
93. I eat out every other day.
94. Who did he drink with?
95. Did she add a pinch of sugar to her coffee?
96. I am going to meet my friends later.
97. He won't behave himself at the party.
98. I am not going to cancel on you again.
99. I hit the gym with Jessica.
100. Do you pinch your boyfriend?

Chapter 05 ~하는 중이다 '현재진행'

1 have + 식사: 식사를 먹다

1. Jessica is having breakfast (now).
2. Who are you having lunch with?
3. Where are you having lunch?
4. We are not having lunch.
5. Is she having dinner?

2 text: 문자하다

1. Who are you texting?
2. I'm not texting anyone.
3. You are texting someone.
4. Who am I texting?
5. You are texting me.

3 lie to: ~에게 거짓말 하다

1. Why are you lying to me?
2. I'm not lying to you.
3. Are you lying to me?
4. What am I lying about?
5. They are lying to us.

4 make fun of: ~를 놀리다

1. Are you making fun of me?
2. I'm not making fun of you.
3. Why are you making fun of me?
4. Noah is making fun of all of us.
5. We are not making fun of anyone.

5 watch: 보다

1. What is she watching on the computer?
2. She is watching a movie.
3. Why is she watching a movie on the computer?
4. They aren't watching TV.
5. I'm watching her children.

6 look at: ~를 (빤히) 보다

1. Why aren't you looking at me?
2. What are you looking at?
3. I am looking at the stars.
4. Why are you looking at the stars?
5. You are always looking at your phone.

7 talk: 이야기 하다

1. What are you talking about?
2. Are you talking about me?
3. Are you talking to me?
4. I am not talking to you.
5. I am talking on the phone.

8 do 소유격 homework: ~의 숙제를 하다

1. Are they doing their homework?
2. Where are they doing their homework?
3. They are doing their homework at home.
4. Why are you doing your homework now?
5. I am not doing my homework.

9 argue: 말다툼 하다

1. Are they arguing right now?
2. Why are they arguing?
3. What are they arguing about?
4. They are not arguing.
5. Aren't they always arguing?

10 vacuum: 청소기를 돌리다

1. I am vacuuming.
2. Who is vacuuming right now?
3. They are vacuuming.
4. Why are they vacuuming at this time?
5. I don't know. You are vacuuming too.

Chapter 06 ~하는 중이었다 '과거진행'

1 expect: 기대하다, 기다리다

1. I was expecting your call.
2. He was expecting someone.
3. Were you expecting me?
4. Who were you expecting?
5. I wasn't expecting anyone.
6. Weren't you expecting me?

2 make fun of: ~를 놀리다

1. Who were you making fun of?
2. I was making fun of you.
3. Were you making fun of me?
4. Why were you making fun of me?
5. I was making fun of all of you.
6. Weren't you making fun of him?

3 yell: 소리치다

1. Who was yelling?
2. They were yelling.
3. Why were they yelling?
4. They were yelling at you.
5. Were they yelling at me?
6. Wasn't she yelling?

4 doze off: 졸다

1. I was dozing off.
2. Were you dozing off?

3. I wasn't dozing off.
4. Why was he dozing off?
5. They weren't dozing off.
6. Weren't they dozing off?

5   bother: 괴롭히다

1. Was she bothering you?
2. Haley wasn't bothering me.
3. Who was bothering you?
4. No one was bothering me.
5. Why were you bothering him?
6. Weren't you bothering him?

6   whisper: 속삭이다

1. Why were they whispering?
2. Who was whispering?
3. They were whispering.
4. What were they whispering about?
5. I don't know, they were whispering something.
6. Wasn't she whispering?

7   laugh: 깔깔 웃다

1. They were laughing.
2. What were they laughing at?
3. Why were they laughing?
4. Were you laughing at me?
5. I wasn't laughing at you.
6. Weren't you laughing at me?

8   try to: ~하는 것을 시도하다

1. Why were you trying to run away?
2. Who was trying to solve the problem?
3. I was trying to solve the problem.
4. We were trying something new.
5. Noah was trying to cook something new.
6. Was he trying to cook something new?

9   take a nap: 낮잠 자다

1. Where were you taking a nap?
2. I was taking a nap.
3. We weren't taking a nap.
4. Was he taking a nap?
5. Why were you taking a nap?

6. Weren't they taking a nap in the lounge?

10   answer: 대답하다

1. Who was answering the phone?
2. I wasn't answering the phone.
3. Weren't you answering the phone?
4. Haley was answering the question.
5. Why was she answering the question?
6. We weren't answering the question.

Chapter 07 숫자 읽기 (1)

1   hundred: 백 (100)

1. Mitchell read one(1) hundred books last year.
2. Do you really have two(2) hundred bags?
3. We ordered one(1) hundred cups of coffee.
4. Nine(9) hundred students go to school.
5. Can we buy three(3) hundred tickets?
6. She watched that movie four(4) hundred times.

2   thousand: 천 (1,000)

1. I bought my daughter one(1) thousand toys.
2. Can you pay two(2) thousand won?
3. I invited one(1) thousand people to my party.
4. I don't want to pay twenty(20) thousand won for this.
5. We drove fifty(50) thousand kilometers.
6. I bought this for ninety-nine(99) thousand nine hundred (900)/ninety-nine(99) point nine(9) thousand won.

3   one hundred thousand: 십만 (100,000)

1. We made one hundred(100) thousand sandwiches yesterday.
2. Did you sell one hundred(100) thousand sandwiches yesterday?
3. I bought this for two hundred(200) thousand won.
4. I have one hundred(100) thousand followers!

5. She has nine hundred(900) thousand followers.
6. I don't want to pay nine hundred eighty(980) thousand won for this.

4 million: 백만 (1,000,000)

1. My mom gave me one(1) million won.
2. Did your mom give you two(2) million won?
3. I bought this for one(1) million five hundred(500) thousand / one point five(1.5) million won.
4. We have four(4) million five(500) hundred thousand / four point five(4.5) million birds.
5. This video got five(5) million views.
6. Korea has five(5) million eight hundred(800) sixty thousand / five point eight six(5.86) million dogs.

5 ten million: 천만 (10,000,000)

1. Noah has ten(10) million fans.
2. I made fifteen(15) million won this month!
3. Fifty(50) million Koreans like this book.
4. She sold forty-eight(48) million books.
5. I paid sixty-five(65) million won for the deposit.
6. We will give ninety-nine(99) million nine hundred(900) thousand / ninety-nine point nine(99.9) million iPhones for free!

6 one hundred million: 일억 (100,000,000)

1. We helped one hundred(100) million people last year.
2. I paid two hundred(200) million won for the deposit.
3. Do you have three hundred(300) million won?
4. They invested nine hundred(900) million won.
5. This book used two hundred(200) million words.
6. Dinosaurs lived here two hundred fifty(250) million years ago.

7 one billion: 십억 (1,000,000,000)

1. This movie made one(1) billion dollars.
2. We sold eight(8) billion cars this year.
3. Mitchell bought that building for two(2) billion eight hundred(800) million / two point eight(2.8) billion won.
4. This video got one(1) billion two hundred(200) million / one point two(1.2) billion views.
5. One(1) billion people play this game.
6. I bought this apartment for three(3) billion won.

8 ten billion: 백억 (10,000,000,000)

1. The company invested ten(10) billion won.
2. This food will save twenty(20) billion people.
3. The universe has two hundred fifty(250) billion stars.
4. Jessica found forty(40) billion stars.
5. This has sixty(60) billion probiotics.
6. How can we use one hundred(100) billion neurons?

9 trillion: 일조 (1,000,000,000,000)

1. I have one(1) trillion bitcoins!
2. K-pop made five(5) trillion won last year.
3. The company got three(3) trillion won.
4. Can you count to one(1) trillion?
5. Lee Jae-young has fifteen(15) trillion won.
6. Elon Desk has three hundred thirty-two(332) trillion won.

10 소수 (Decimal)

1. I got ninety-eight(98) point five(5) points.
2. Did you get seventy-eight(78) point nine(9) points?
3. Can we add three(3) point one four(1,4)?
4. Sixty-seven(67) point two(2) percent voted.
5. Forty-five(45) point nine(9) percent liked it.
6. Can we subtract three(3) point five(5)?

11 분수 (Fraction)

1. Mitchell ate a half of it.
2. I want one-fourth / a quarter of it.
3. I read one-third of the book.
4. We saved two-fifths of our time.
5. Can I have one-eighth of it?
6. We watched three-tenths of this movie.

Chapter 08 그치? '부가의문문'

1 pinch: 꼬집다

1. She pinches her brother everyday, doesn't she?
2. And she was pinching her brother this morning, wasn't she?

2 decide: 결정하다

1. Haley decided to stay, didn't she?
2. She is going to decide soon, isn't she?

3 nag: 잔소리하다

1. She was nagging you all day, wasn't she?
2. You will nag me, won't you?

4 all the time: 항상

1. They celebrate something all the time, don't they?
2. You won't stay here all the time, will you?

5 almost everyday: 거의 매일

1. Haley calls you almost everyday, doesn't she?
2. Jessica texted you almost everyday, didn't she?

6 gain weight: 살이 찌다

1. She doesn't gain weight easily, does she?
2. I will gain weight, won't I?

7 vacuum: 청소기를 돌리다

1. They were vacuuming the house, weren't they?

2. You are going to vacuum soon, aren't you?

8 rarely: 거의 ~않다

1. She rarely eats out, does she?
2. He rarely skipped breakfast, did he?

9 never: 절대 ~않다

1. Noah never yells, does he?
2. She never lied, did she?

10 laugh at: ~를 비웃다

1. They were laughing at me, weren't they?
2. You are laughing at me, aren't you?

11 add: 추가하다

1. Mitchell always adds more sugar, doesn't he?
2. They are adding more salt to the soup, aren't they?

12 vote: 투표하다

1. They vote every year, don't they?
2. He voted last time, didn't he?

13 bother: 괴롭히다

1. Noah was bothering you, wasn't he?
2. I am not bothering you, am I?

14 go out: 외출하다

1. They go out every weekend, don't they?
2. We will go out soon, won't we?

15 doze off: 졸다

1. I am just dozing off, aren't I?
2. They always doze off, don't they?

Spiral Review 반복복습 (2)

1. We already studied two-thirds of this book.
2. Mitchell always adds more sugar, doesn't he?
3. Why are you making fun of me?

4. I am just dozing off, aren't I?
5. Aren't they always arguing?
6. Don't you feel guilty?
7. Who was whispering?
8. I am going to leave early tomorrow.
9. Was she bothering you?
10. Dinosaurs lived here two hundred fifty(250) million years ago.
11. Did you sell one hundred(100) thousand sandwiches yesterday?
12. They go out every weekend, don't they?
13. I am not going to stay up all night.
14. How can we use one hundred(100) billion neurons?
15. Why were you making fun of me?
16. Noah was bothering you, wasn't he?
17. This food will save ten(10) billion people.
18. Why won't you behave yourself?
19. Mitchell is going to cancel on me.
20. Elon Desk has three hundred thirty-two(332) trillion won.
21. Is she going to dump you?
22. I made fifteen(15) million won this month!
23. I bought my daughter one(1) thousand toys.
24. I paid two hundred(200) million won for the deposit.
25. Haley wasn't bothering me.
26. They were laughing at me, weren't they?
27. Were you dozing off?
28. Why aren't you going to trim your nails?
29. I didn't book anything.
30. Do you really have two hundred(200) bags?
31. We will give ninety-nine(99) million nine hundred(900) thousand / ninety-nine point nine(99.9) million iPhones for free!
32. You are texting someone.
33. Haley decided to cook dinner.
34. I'm not lying to you.
35. I will save some for you.
36. Who are you having lunch with?
37. She pinches her brother everyday, doesn't she?
38. We hit the gym everyday.
39. Did your mom give you two(2) million won?
40. Why is she watching a movie on the computer?
41. I don't pinch myself.
42. I bought this for ninety-nine(99) thousand nine hundred(900) won.
43. She watched that movie four hundred(400) times.
44. Korea has five(5) million eight hundred sixty(860) thousand / five point eight six(5.86) million dogs.
45. Were you expecting me?
46. I have one(1) trillion bitcoins!
47. Can we subtract three point five?
48. They are not arguing.
49. Who skips dinner?
50. Mitchell bought that building for two(2) billion eight hundred(800) million / two point eight(2.8) billion won.
51. We sold eight(8) billion cars this year.
52. I voted.
53. Noah is making fun of all of us.
54. They celebrate something all the time, don't they?
55. The company invested ten(10) billion won.
56. Were you making fun of me?
57. I prefer to work in the morning.
58. We saved two-fifths of our time.
59. Will he give me a ride to the airport?
60. I will deal with it.
61. They were vacuuming the house, weren't they?
62. I was trying to solve the problem.
63. Why are they vacuuming at this time?
64. I am not talking to you.
65. Can you pay two thousand won?
66. Haley calls you almost everyday, doesn't she?
67. I bought this apartment for three(3) billion won.
68. I will quit my job next month.
69. Were they yelling at me?
70. This movie made one(1) billion dollars.
71. Mitchell read one hundred(100) books last year.

72. K-pop made five(5) trillion won last year.
73. Why are you lying to me?
74. Why was she answering the question?
75. Noah has ten(10) million fans.
76. They drank a cup of water.
77. Who was trying to solve the problem?
78. What were they laughing at?
79. Where are you having lunch?
80. They were laughing.
81. Noah never yells, does he?
82. They vote every year, don't they?
83. We made one hundred(100) thousand sandwiches yesterday.
84. She rarely eats out, does she?
85. We helped one hundred(100) million people last year.
86. Are you lying to me?
87. She doesn't gain weight easily, does she?
88. I am talking on the phone.
89. Who were you expecting?
90. I am not doing my homework.
91. We watched three-tenths of this movie.
92. When does she take naps?
93. My mom gave me one(1) million won.
94. Haley decided to stay, didn't she?
95. She was nagging you all day, wasn't she?
96. I am looking at the stars.
97. I don't want to pay nine hundred(900) eighty(80) thousand won for this.
98. I was dozing off.
99. Why were they whispering?
100. They were yelling at you.

Chapter 09 숫자 읽기 (2)

1 전화번호, 방 번호

1. Can you call zero/oh one zero/oh, one two three, two four seven seven?
2. They live in room one twelve.
3. I texted zero/oh three zero/oh, two five seven, three nine one four.
4. We booked room two fifteen.
5. They are staying in room two zero/oh three.
6. My name is Kate: K as in Kilo, A as in

Alpha, T as in Tango, E as in Echo.
7. His name is John: J as in Juliet, O as in Oscar, H as in Hotel, N as in November.

  * 6, 7 해당 답안은 나토 문자를 기반으로 한 답변입니다. 각 알파벳에 해당하는 다른 명사를 말해도 정답입니다.

2 시계

1. We have a class at a quarter to eleven.
2. The store opens at ten o'clock sharp.
3. The meeting starts at a quarter past eight.
4. Can we meet at one to three?
5. She always wakes up at 7ish.
6. We are going to leave at a half past nine.
7. Let's meet at a quarter to six.

3 온도

1. Water boils at 100 degrees Celsius.
2. Ice melts at 0 degrees Celsius.
3. It feels like 35 degrees Fahrenheit outside.
4. The oven heats up to 220 degrees Celsius.
5. It rises up to 40 degrees Fahrenheit.
6. The freezer keeps food at minus 18 degrees Celsius.

4 연도 읽기

1. They moved here in two thousand and three/two thousand three.
2. Did he start his business in nineteen ninety-seven?
3. I finished school in twenty-twenty four/two thousand and twenty four/two thousand twenty four.
4. They built the house in the seventeen hundreds.
5. I'm in my early twenties.
6. Is she in her mid thirties?
7. He is in his late forties.

Chapter 10 수량 형용사

1 many: 많은 + 셀 수 있는 명사

1. Many people are using their annual leaves this month.
2. Many stores don't open on Monday.

3. I invited many people to my wedding.
4. Mitchell used many sick leaves this year.
5. I'm going to rent many dresses.

2   much: 많은 + 셀 수 없는 명사

1. Jessica decided to invest much money in stocks.
2. We spent much money on our wedding.
3. He will not gain much weight.
4. We don't use much salt.
5. She doesn't drink much water, does she?

3   a lot of: 많은 + 셀 수 있는 명사 / 셀 수 없는 명사

1. Mitchell ate a lot of food.
2. We saw a lot of birds in the park.
3. We don't need a lot of money for the funeral.
4. He didn't lose a lot of weight.
5. We have a lot of work today.

4   less: 덜

1. They spent less money on their honeymoon.
2. He drank less coffee today.
3. We paid less tax this year.
4. I decided to eat less sugar for my health.
5. Noah eats less meat now.

5   few: 아주 적은, 거의 없는 + 셀 수 있는 명사

1. Few people worked overtime.
2. Few people know the answer.
3. Few students passed the test.
4. I have few friends.
5. She usually buys few oranges.

6   a few: 좀 + 셀 수 있는 명사

1. Do we have a few eggs in the fridge?
2. He bought a few shirts.
3. A few friends are going to come to our house tonight.
4. I will lend her a few books.
5. We have a few plans this weekend.

7   little: 아주 적은, 거의 없는 + 셀 수 없는 명사

1. Mitchell saves little money.
2. I usually drink little coffee.
3. I saw little snow in Daegu.
4. She has little time after work.
5. They gave me little butter with the bread.

8   a little: 좀 + 셀 수 없는 명사

1. I need a little more time.
2. Haley added a little salt to the soup.
3. I want a little coffee.
4. They brought a little food with them.
5. He just drank a little water.

9   all: 모든 + 복수명사 / 셀 수 없는 명사

1. All people enjoyed the wedding.
2. I ate all the food.
3. Mitchell answered all the questions.
4. Did they understand all the rules?
5. She paid all the bills.

10   every: 모든 + 단수명사

1. He solved every problem.
2. Every student made fun of him.
3. Every car looks the same to me.
4. You have to lock every window at night.
5. I read every book.

11   most of: 대부분의~ + 명사

1. I understood most of them.
2. He ate most of the pizza.
3. They spent most of their money already.
4. Jessica read most of the book.
5. He finished most of his homework.

12   some: (긍정문, 권유 / 요청) 몇몇의

1. We spent some time at their wedding.
2. Do you want some coffee?
3. Yes, I want some.
4. We have to withdraw some money for their wedding.
5. We bought some bags at the mall.

13　any: (의문문) 몇몇의 / (부정문) 조금도

1. Do you have any questions?
2. I don't have any money.
3. She doesn't have any friends here.
4. Do you need any help?
5. Did you find any problems?

14　no: ~없는

1. We have no eggs in the fridge!
2. I have three daughters, but no sons.
3. I have no time.
4. We have no seats.
5. I have no problems.

Chapter 11 조동사 should (제안)

1　get a haircut: 머리를 자르다

1. He shouldn't get a haircut.
2. You should get a haircut.
3. When should I get a haircut?
4. You should get a haircut before the interview.
5. Then, where should I get a haircut?

2　wake up: 일어나다

1. We should wake up early tomorrow.
2. What time should we wake up?
3. We shouldn't wake up too late.
4. Shouldn't we wake up at 8?
5. No, we should wake up at 6ish.

3　invest in: ~에 투자하다

1. You should invest in stocks.
2. Should we invest?
3. What should I invest in?
4. Mitchell should invest in real estate.
5. We shouldn't invest in anything.

4　save: 절약하다

1. We should save money.
2. You should save energy.
3. Why should I save water?
4. We should save water for the future.

5. Shouldn't we save money for the future?

5　cancel on: ~와의 약속을 취소하다

1. You shouldn't cancel on me again.
2. We should cancel on her.
3. Why should we cancel on her?
4. Then, why shouldn't we cancel on her?
5. We shouldn't cancel on our friends.

6　deal with: ~을 다루다

1. You should deal with this.
2. Why should I deal with this?
3. Then, who should deal with this?
4. They should deal with that guy.
5. You shouldn't deal with that guy.

7　quit: 멈추다

1. You shouldn't quit working out.
2. And you should quit playing games.
3. And you should quit caffeine, too.
4. Why should I quit those?
5. You should quit those for your health.

8　decide: 결정하다

1. Should we decide now?
2. You shouldn't decide now.
3. But we should decide soon.
4. You shouldn't decide alone.
5. Who should I decide with?

9　get in touch with: ~와 연락하다

1. I should get in touch with her.
2. We shouldn't get in touch with her.
3. Why shouldn't we get in touch with her?
4. You should get in touch with him.
5. Should we get in touch with her?

10　hit the gym: 헬스장에 가다

1. When should we hit the gym?
2. Should we hit the gym now?
3. We shouldn't hit the gym now.
4. Why shouldn't we hit the gym now?
5. We should hit the gym with him.

Chapter 12 조동사 might (약한 추측)

1 look for: ~을 찾다 (찾는 과정에 초점)

1. I might look for a new job.
2. We might not look for a new house.
3. They might look for a partner.
4. Jessica might not look for a solution.

2 lend: (대가 없이) 빌려주다

1. He might not lend me money.
2. Haley might lend me money.
3. I might lend my son my car this weekend.
4. My mom might lend me her car this weekend.

3 rent: (대가를 지불하고) 빌리다

1. I might rent a dress for the wedding.
2. He might rent a place for the wedding.
3. We might not rent a car.
4. She might not rent a house.

4 get a medical check-up: 건강검진을 받다

1. I might get a medical check-up next week.
2. He might not get a medical check-up this time.
3. They might get a medical check-up this year.
4. He might not get a medical check-up every year.

5 buy: 사다

1. We might buy one(1) thousand sandwiches.
2. Noah might buy a three(3) million won laptop.
3. They might not buy a five hundred(500) million won house.
4. She might not buy a nine(9) trillion won company.

6 text: 문자하다

1. Jessica might text you after work.
2. He might not text you back.
3. I might text everyone tonight.
4. They might not text us.

7 give it a try: 한 번 시도 해 보다

1. I might give it a try.
2. They might give it a try to check.
3. I might not give it a try.
4. We might not give it a try.

8 fast: 금식하다

1. She might fast next week.
2. I might not fast today.
3. Noah might not fast this week.
4. They might fast for a week.

9 recognize: 알아보다, 인식하다

1. She might recognize us.
2. No, she might not recognize us.
3. Our teacher might recognize my handwriting.
4. This? He might not recognize your handwriting.

10 trim: 다듬다

1. I might trim my hair tomorrow.
2. Mitchell might not trim his hair forever!
3. She might trim her bangs there.
4. I might not trim my bangs there.

Chapter 13 다른 사람 말 옮기기

1 I think: ~인 것 같아

1. I think Haley bothers you all the time.
2. I think we should wake up early tomorrow.
3. I think she might cancel on us today.
4. I think they are making fun of me.
5. I think we should deal with that problem.

2 I don't think: ~아닌 것 같아

1. I don't think she is going to decide soon.
2. I don't think he is going to move.
3. I don't think she is going to text me.
4. I don't think Mitchell is going to lose weight.

5. I don't think he is lying to me.

3 **I guess**: ~인 것 같아 / ~인가봐 (구어체)

1. I guess they are going to eat out tonight.
2. I guess Haley was lying to me.
3. I guess we are going to leave early.
4. I guess she felt guilty.
5. I guess I will vote for her.

4 **I bet**: (99%) 확신해 = I'm sure

1. I bet Haley will lose weight a lot.
2. I bet he is going to text me tonight.
3. I bet she is going to grind her teeth.
4. I bet she is going to stay up all night again.
5. I bet they are going to argue. They argued last time, too.

5 **I guarantee**: (100%) 완전 확신해

1. I guarantee you will buy this.
2. I guarantee she will come again.
3. I guarantee he has a girlfriend.
4. I guarantee he hits the gym everyday. Look at his arms!
5. I guarantee he will pay for us. He pays all the time.

6 **I know**: 나 알아

1. I know you're lying to me.
2. I know you like to cook / cooking.
3. I know you're going to go on a trip this weekend.
4. I know I have to study English.
5. I know you always help me.

7 **You know**: 너 알잖아

1. You know we have to wake up early tomorrow.
2. You know he always makes fun of people.
3. You know you can text me anytime.
4. You know he bought that building for two(2) billion won.
5. You know she has nine hundred(900) thousand followers.

8 **I can't believe**: 나 믿을 수가 없네

1. I can't believe you lied to me.
2. I can't believe it's Monday.
3. I can't believe she bothers you all the time.
4. I can't believe he is vacuuming.
5. I can't believe Mitchell worked late yesterday.

9 **주어 said**: 주어가 ~라고 말했어

1. She said this video got one(1) million views.
2. They said they invested one(1) billion won.
3. She said she found one hundred(100) thousand stars.
4. He said he made twenty five(25) million won this month.
5. She said she sold five hundred(500) thousand books.

10 **told me**: ~가 나한테 말했어

1. He told me you bought the building.
2. Jessica told me you might not recognize her.
3. He told me you might lend me money.
4. He told me we should watch a movie together.
5. They told me you paid sixty five(65) million won for the deposit.

Chapter 14 장소 전치사

1 **at**: 공공기관 & 그것을 제공받는 사람 / 집, 학교, 교회 / 딱 정해 놓을 수 있는 곳

1. I'll meet her at the bank later.
2. Mitchell is staying at a hotel.
3. I work at the hospital.
4. Let's meet at the mall.
5. I met him at the airport.
6. We have to whisper at the funeral.
7. We were watching a movie at home.
8. I met my best friend at school.
9. He is waiting for you at the door.
10. We had dinner at the party.

2 in: 공간이 입체적인 경우 / 탈 것에서 움직일 수 없는 경우 / 경계가 있는 경우

1. They were arguing in the elevator.
2. He dumped me in the office.
3. I stayed up all night in my room.
4. Noah was cooking in the kitchen.
5. I'm going to wait for you in my car.
6. I took a nap in the taxi.
7. We took a walk in the yard.
8. I live in Seoul.
9. They lived in Korea.
10. I was playing with my dog in the park.

3 on: 탈 것에서 움직일 수 있는 (설 수 있는) 경우 / 엉덩이를 붙이고 타는 거 / 화면에 나오는 SNS

1. Haley often takes naps on the subway.
2. He prefers to listen to music on the bus.
3. They always watch movies on a plane.
4. I usually doze off on the train.
5. I feel free on a bike.
6. I feel sick on a boat.
7. We live on the same street.
8. Add me on Kakaotalk!
9. I'm going to upload pictures on Instagram.
10. I rarely watch news on Youtube.

4 near: ~에서 가까운 (뒤에 명사 나옴) = close to

1. They live near my apartment.
2. Jessica always has/eats lunch near me.
3. We sometimes have/drink coffee near our office.
4. He decided to move near the subway station.
5. We are going to buy a house near the beach.
6. He booked a table near the window under her name.
7. Mitchell prefers to buy bread near his house.
8. We parked near the river.
9. I am going to study near the park at night.
10. Noah decided to celebrate her birthday near the beach.

5 nearby: 문장 맨 끝에 위치하며 (현재 있는 곳 근처) = near here = close

1. She lives nearby.
2. Do you live nearby?
3. I go to school nearby.
4. I booked a hotel nearby.
5. Let's take a walk nearby.
6. I always go to cafés nearby.
7. We met nearby.
8. They rented a house nearby.
9. We decided to rent a car nearby.
10. I am going to have/eat dinner nearby.

Chapter 15 5형식 맛보기

1 want A to: A가 ~하길 원해

1. I want you to finish this.
2. Don't they want us to bring snacks to the party?
3. I want you to listen to her this time.
4. Do you want us to stay more or can we go home now?
5. I didn't want you to deal with that problem. Why did you do that?
6. Haley wanted him to meet her parents as soon as possible.
7. They wanted him to behave himself and he did.
8. I want you to remember this number. You can call me anytime.
9. Don't you want me to tell you the truth? Don't you want to know?
10. I want you to stay up all night with me because I want to study with you.

2 tell A to ↔ not to: A 한테 ~하라고 말했어

1. He told her to call you, but she didn't.
2. I told you to wait for me. Stay there!
3. Didn't I tell you to book a table for five at seven? What should we do?
4. Didn't she email you? I told her to email you.
5. I told you not to make fun of her. Now she is crying.

6. They told you to listen to them, didn't they?
7. Are you telling me not to come? Why can't I come?
8. Who told you to fast? You shouldn't fast.
9. Noah told me to stay home yesterday, but I went out anyway.
10. Didn't they tell you to come home early? What were you doing?

3 expect A to: A가 ~하길 예상해 / 기대해

1. Mitchell expects me to help him this Friday, but I might work late.
2. You expect us to understand everything, don't you?
3. I expected you to park nearby. Where are we going?
4. We expect them to do her job. Because she is going to go on a trip soon.
5. Why are you yelling at me? What did you expect me to do?
6. I didn't expect them to come. Who told them to come?
7. I expect you to invest in us. We will make a lot of/much money this year.
8. We shouldn't expect them to stay up all night because they woke up early this morning.
9. We are going to meet the boss. I expect you to behave yourself at the party.
10. I expected you to book a nice restaurant. How will you celebrate my birthday?

4 need A to: A가 ~하는 게 필요해

1. Mitchell needed me to work yesterday, but I had plans.
2. We need her to decide as soon as possible.
3. I need you to understand me. I can't do it now.
4. They needed us to help them yesterday, but we worked late.
5. I don't need you to deal with this. I can do it.
6. Didn't you need me to bring some snacks?

Why aren't you eating?
7. You need me to decide now, don't you?
8. I need you to take a nap with my son. He needs to sleep.
9. I'm going to cook soon. I need you to open the window.
10. I need him to rent a place for our wedding.

5 remind A to: A한테 ~하라고 생각나게 해

1. He reminded me to text him yesterday, but I forgot.
2. Did you remind her to pay the bill or should I tell her?
3. She reminded me to vacuum, so I will do it now.
4. I reminded you to get in touch with her, didn't I?
5. Did you remind him to talk to her? He should talk to her.
6. Please remind us to pay the bill. We can't miss it again.
7. Did they remind you to bring your ID card?
8. Noah reminded us to lock the door.
9. Please remind me to get a haircut later. I always forget.
10. My dad always reminds me to give it a try, so let's give it a try!

Spiral Review 반복복습 (3)

1. I help my parents almost everyday.
2. I took / had a sip of juice yesterday.
3. He added a pinch of salt to the soup.
4. Who will answer the door?
5. We will celebrate our wedding anniversary this Sunday.
6. Where are you going to meet your friends later?
7. She is not going to stay up all night.
8. Why are they arguing?
9. He was expecting someone.
10. Why was he dozing off?
11. No one was bothering me.
12. They invested nine hundred(900) million

won.

13. This video got one(1) billion two hundred(200) million/one point two(1.2) billion views.
14. What should I invest in?
15. Should we save money for the future?
16. You should get in touch with him.
17. They might look for a partner.
18. Haley might lend me money.
19. We might not rent a car.
20. They might get a medical check-up this year.
21. I might text everyone tonight.
22. They might give it a try to check.
23. She might recognize us.
24. Mitchell might not trim his hair forever!
25. Can you call zero/oh one zero/oh, one two three, nine seven four three?
26. They are staying in room five ten.
27. My name is Noah: N as in November, O as in Oscar, A as in Alpha, H as in Hotel.

* 27 해당 답안은 나토 문자를 기반으로 한 답변입니다. 각 알파벳에 해당하는 다른 단어를 말해도 정답입니다.

28. We have a class at a quarter to eleven.
29. The store opens at ten o'clock sharp.
30. We can leave at a half past nine.
31. Let's meet at a quarter to six.
32. Ice melts at 0 degrees Celsius.
33. It feels like 35 degrees Fahrenheit outside.
34. The oven heats up to 220 degrees Celsius.
35. I finished school in twenty-twenty four/ two thousand and twenty four/two thousand twenty four.
36. They built the house in the seventeen hundreds.
37. I'm in my early twenties.
38. I feel sick on a boat.
39. Our teacher might recognize my handwriting.
40. This? He might not recognize your handwriting.
41. She might trim her bangs there.
42. He might not get a medical check-up this time.

43. We have to whisper at the funeral.
44. I took a nap in a taxi.
45. Add me on Kakaotalk!
46. We parked near the river.
47. He decided to move near the subway station.
48. I booked a hotel nearby.
49. I am going to have/eat dinner nearby.
50. I think they are making fun of me.
51. I think we should deal with that problem.
52. I don't think he is lying to me.
53. I guess she felt guilty.
54. I bet she is going to stay up all night again.
55. I bet they are going to argue. They argued last time, too.
56. I guarantee he hits the gym everyday. Look at his arms!
57. I know I have to study English.
58. I know you always help me.
59. You know he bought that building for two(2) billion won.
60. You know she has nine hundred(900) thousand followers.
61. I can't believe he is vacuuming.
62. He said he made twenty five(25) million won this month.
63. He told me we should watch a movie together.
64. Mitchell used many sick leaves this year.
65. I'm going to rent many dresses.
66. She doesn't drink much water, does she?
67. I bet Haley will lose weight a lot.
68. We have a lot of work today.
69. I decided to eat less sugar for my health.
70. Noah eats less meat now.
71. He gave me few rides.
72. She usually buys few oranges.
73. I will lend her a few books.
74. We have a few plans this weekend.
75. She has little time after work.
76. They gave me little butter with the bread.
77. They brought a little food with them.
78. He just drank a little water.
79. Did they understand all the rules?
80. She paid all the bills.

81. Every car looks the same to me.
82. I read every book.
83. Jessica read most of the book.
84. He finished most of his homework.
85. We have to withdraw some money for their wedding.
86. We bought some bags at the mall.
87. Do you need any help?
88. Did you find any problems?
89. We have no seats.
90. I have no problems.
91. I didn't want you to deal with that problem. Why did you do that?
92. Haley wanted him to meet her parents as soon as possible.
93. Didn't I tell you to book a table for five at seven o'clock? What should we do?
94. Didn't she email you? I told her to email you.
95. Mitchell expects me to help him this Friday, but I might work late.
96. You expect us to understand everything, don't you?
97. Are you going to go to the mall now? Do you need me to come with you?
98. I don't need you to deal with this. I can do it.
99. She reminded me to vacuum, so I will do it now.
100. I reminded you to get in touch with her, didn't I?

탁상용 1일 5분 영어 완전정복

이원준 엮음 | 140*128mm | 368쪽

14,000원(mp3 파일 무료 제공)

탁상용 1일 5분 일본어 완전정복

야마무라 지요 엮음 | 140*128mm | 368쪽

14,000원(mp3 파일 무료 제공)

탁상용 1일 5분 중국어 완전정복

최진권 엮음 | 140*128mm | 368쪽

14,000원(mp3 파일 무료 제공)

프리토킹 영어회화 완전정복

이원준 엮음 | 170*233mm | 448쪽

18,000원(mp3 파일 무료 제공)

프리토킹 일본어회화 완전정복

이원준 엮음 | 170*233mm | 408쪽

18,000원(mp3 파일 무료 제공)

프리토킹 중국어회화 완전정복

이원준 엮음 | 170*233mm | 416쪽

18,000원(mp3 파일 무료 제공)

일상생활 영어 여행회화 365

이원준 저 | 128*188mm | 368쪽

14,000원(mp3 파일 무료 제공)

일상생활 일본 여행회화 365

이원준 저 | 128*188mm | 368쪽

14,000원(mp3 파일 무료 제공)

일상생활 중국 여행회화 365

이원준 저 | 128*188mm | 368쪽

14,000원(mp3 파일 무료 제공)